电子竞技训练方式与战略战术研究

崔海亭 ◎ 著

吉林出版集团股份有限公司
全国百佳图书出版单位

版权所有　侵权必究

图书在版编目（CIP）数据

　　电子竞技训练方式与战略战术研究／崔海亭著．--长春：吉林出版集团股份有限公司，2021.12
　　ISBN 978-7-5731-0764-0

　　Ⅰ．①电…Ⅱ．①崔…Ⅲ．①电子游戏－运动竞赛－运动训练－研究Ⅳ．①G898.3

中国版本图书馆 CIP 数据核字（2021）第 243637 号

电子竞技训练方式与战略战术研究

DIAN ZI JING JI XUN LIAN FANG SHI YU ZHAN LUE ZHAN SHU YAN JIU

著　　者：崔海亭　　　　　责任编辑：刘晓敏
出版策划：齐　郁

出　　版：	吉林出版集团股份有限公司
	（长春市福祉大路 5788 号，邮政编码：130118）
发　　行：	吉林出版集团译文图书经营有限公司
	（http://shop34896900.taobao.com）
电　　话：	总编办 0431-81629909　　营销部 0431-81629880/81629881
印　　刷：	长春市华远印务有限公司
开　　本：	787mm×1092mm　　1/16
印　　张：	12.5
字　　数：	222 千字
版　　次：	2021 年 12 月第 1 版
印　　次：	2022 年 1 月第 1 次印刷
书　　号：	ISBN 978-7-5731-0764-0
定　　价：	68.00 元

印装错误请与承印厂联系

前　言

在日新月异的互联和物联网络世界当中，游戏已经成为一种基于物质需求满足之上的，在一种特定时间、空间范围内遵循某种特定规则的，追求精神需求满足的社会行为交往方式。而如今通过"游戏"达到"竞技"目的层面的——"电子竞技"已然在当今社会兴起且成为正在快速发展的朝阳行业，尤其吸引着广大青年群体。

电子竞技（Electronic Sports）是电子游戏比赛达到"竞技"层面的体育项目，是电子游戏化形式的智力、体力和心理水平对抗，是个人和团队操作水平竞技。理论上来说，电子竞技运动是利用电子设备代替传统的运动器械进行的人与人之间，以网络和机器为媒介的"智力对抗"运动。

通过运动，可以研判、锻炼和提高参与者的思维能力、反应能力、心眼四肢协调能力和意志力，而且现今最火热的电子竞技项目，都富有极强的团队配合需求和精神。

到了21世纪的今天，电子竞技悄然成为一种新兴的职业和产业。和棋艺等非电子游戏比赛类似，早在2003年11月18日，国家体育总局正式将电子竞技列为第99个正式体育竞赛项。2008年，国家体育总局将电子竞技改为第78个正式体育竞赛项。2009年，山东体育学院开设国内第一家本科电子竞技运动与管理专业，实现本科高等水平学生招生与培养。2020年12月16日，亚奥理事会第39次全体代表大会以线上线下相结合的方式正式将电子竞技列入杭州亚运会竞赛项目。

电子竞技有两个基本特征：电子、竞技。

"电子"是其方式和手段，指这项运动是借助以信息技术为核心的各种软、硬件以及由其营造的虚拟环境来进行和对抗，这类似于传统体育项目中的器材和场地。在电子竞技运动中，"器材"依赖信息技术来实现，这也是电子竞技与传统体育运动最大也是最明显的不同之处。

而"竞技"是体育的最本质特性，即团队协作、对抗和比赛。作为一个体育项目，对抗和团队协作是最基本的特征。电子竞技运动有多种分类和项目，但一定是以对抗、输赢、较技、比赛以及团队协作为核心的。

通过以上的理解我们来阐述电子竞技运动的核心概念：电子竞技运动是以电竞游戏为基础，信息技术软硬件设备为器械，在虚拟的网络和物联环境中，由统一竞赛规则以及在规则保障下公平进行的对抗性电竞游戏竞技比赛。电子竞技正在成为一种全新的体育运动。

电子竞技运动作为一个新兴的体育运动，与其他传统竞技体育项目一样，具有正规的比赛与比赛制度，但与传统的体育项目相比，呈现出明显的特点。与传统竞技体育的相似之处在于，电子竞技运动是在公开、公平、公正的竞技环境下进行的人与人之间的体力与智力的较量。随着《黑客帝国》《头号玩家》等大型以虚拟电子竞技游戏为主题的电影作品出品，社会对于电子竞技的需求和认可程度不断增加，目前受限于手机、智能终端、电脑等二维平面设备的制约，电子竞技水平还不能完全沉浸。但是，以竞技为较量，以思维和操作对抗为核心的电子化竞技媒介和手段，成为当下电子产品精神文化引领，军事战略思想培养和体育化、智力化思维能力锻炼、训练的重要手段。

电子竞技运动现的平台与传统竞技体育项目有着巨大的区别，它的实现并不依附于现实中的体育场地，而是以计算机的软、硬件为依托展开的一系列的竞技行为。随着近年来国内计算机软、硬件的飞速发展与普及，电竞运动受到越来越多的青少年人群的青睐。然而，由于其吸引力之大，加之市场管理的不规范，造成了许多人对其有许多负面的情绪，甚至有相当一部分业内人士对电子竞技运动也有相当多的误解。如何有效引导和研究电子竞技实体和虚拟体的价值取向，成为当下热点。

面对层出不穷和不断创新的电子竞技项目和游戏赛事，职业竞技俱乐部也逐渐走向正规化。赛事组织水平也逐渐提高。日常的游戏化娱乐和竞技化比赛，有着本质的区别，电子竞技训练方式和战略水平直接影响比赛成绩和对抗效果，目前的训练方式主要针对不同电子竞技项目特点，根据训练者和被训练者的经验水平、智力水平、游戏习惯和竞技意识制定。如何科学有效地完成训练和战略战术素养的竞技培训，实现竞技经验和方法的共享，成为制约电子竞技项目职业化和大众化普及的瓶颈。《电子竞技训练方式与战略战术研究》就是在"互联网+"背景下，针对不同的电子竞技训练方式和具体竞技项目，解读"电子竞技"的战略和战术。

在撰写本书的过程中，作者得到了学院领导、专家、同事、玩家、竞技者和游戏爱好者的帮助、资助和指导。本书依托于山东体育学院电子竞技运动与管理专业，得到了校企合作方山东蓝海领航的鼎力支持，在此，作者表示真诚的感谢。本书参考了大量的学术文献，内容系统全面，论述条理清晰、深入浅出。但由于作者水平有限，书中难免会有疏漏之处，竞技项目未能一一列举分析，希望广大同行及时指正。同时，本书配有电子多媒体课件，有需要同仁可联系 cuihaiting@ sdpei. edu. cn，进行交流。

作者
2021 年 5 月

目 录

第一章 电子竞技运动概论 ………………………… 1

第一节 电子竞技运动的基本概念与特征 ………… 1

第二节 电子竞技运动的发展与展望 ……………… 13

第二章 电子竞技运动教学与训练原则 …………… 48

第一节 电子竞技运动的教学原则 ………………… 48

第二节 电子竞技运动的训练原则 ………………… 54

第三章 电子竞技选手的技战术训练 ……………… 60

第一节 电子竞技选手的基本技术及训练 ………… 60

第二节 电子竞技选手的基本战术及训练 ………… 66

第四章 电子竞技选手的体能训练 ………………… 73

第一节 电子竞技选手的体能训练 ………………… 73

第二节 电子竞技选手的操作训练 ………………… 85

第五章 电子竞技选手的心智训练 ………………… 94

第一节 电子竞技选手的心理能力及训练 ………… 94

第二节 电子竞技选手的智力能力及训练 ………… 99

第六章 电子竞技团队协作战略训练 …… 106

第一节 电子竞技团队协作的概念与分类 …… 106

第二节 电子竞技团队协作的影响 …… 108

第三节 电子竞技团队协作的训练 …… 114

第七章 电子竞技项目的主要战略战术实例 …… 118

第一节 FIFA比赛的主要战略战术 …… 118

第二节 CS:GO的主要战略战术 …… 125

第三节 魔兽争霸比赛的主要战略战术 …… 136

第四节 王者荣耀比赛的主要战略战术 …… 142

第八章 电子竞技运动的竞赛管理与裁判 …… 148

第一节 电子竞技运动竞赛的意义与分类 …… 148

第二节 电子竞技运动的竞赛组织 …… 150

第三节 电子竞技运动竞赛的赛事安排 …… 160

第四节 电子竞技运动的竞赛规则与裁判法简析 …… 173

第五节 重大赛事介绍 …… 181

参考文献 …… 191

第一章 电子竞技运动概论

电子竞技面临着许多理论上的问题，比如什么是电子竞技？如何给电子竞技分类？电子竞技的基本特征是什么？阐明它们，不仅可以从理论上明确电子竞技的概念，增加电子竞技判断的科学性，而且可以为电子竞技提供一个理论基础。

第一节 电子竞技运动的基本概念与特征

一、对电子竞技运动及其相关概念的理解

（一）电子竞技运动

概念是人们对事物本质的理解。在社会活动中，人们首先要对事物进行感性认识。感性认识是认识过程的初级阶段和形式，它是对事物的现象、外在关系和片面的认识，但不能揭示事物的本质。要获得本质的、相互联系的、全面的知识，就必须从感性上升到理性，从感觉、知觉、形象上升到概念。电子竞技概念是对电子竞技本质及其内在联系的认识。这种概念性知识不是一种空洞抽象的形式规定，而是一种具体的内涵规定。只有深刻理解电子竞技的内涵，才能形成电子竞技的概念。

电子竞技是什么？目前，业内专家还没有形成权威的定义。关于电子竞技的概念有几种流行的理论。第一，电子竞技是利用高科技的软硬件信息设备作为人们之间进行智力对抗的体育运动。第二，电子竞技是在特定的虚拟环境中，以数字电子产品为运动装备，完成人与人之间的体力和智

力竞赛。第三，电子竞技是人们在相对公开、公平、公正的环境中，利用一些数字电子产品、数字平台以及以信息技术为核心的各种软硬件设备，进行的一种竞争和对抗的形式。第四，电子竞技是一种以信息技术为核心、以体育规则为导向、以软硬件装备为装备的人与人之间的对抗性运动，可以锻炼和提高参与者的思维能力、反应能力、眼肢协调能力和意志力等身体素质。第五，电子竞技是一种以信息产品为运动设备的人与人之间的竞争，它是在体育规则的规定下，以提高运动员的身体和心理素质为目的的体育活动。

从这些关于电子竞技的讨论中可以看出，其概念定义有三点共性或相似之处：一是以数字信息技术为纽带，以整合相关资源和要素，以承载众多应用系统的宽带互动平台为运动装备；二是人与人之间的身体和智力对抗；三是遵循体育规则的强制性、约束性和公平性。因此，我们认为，在广义的概念上，电子竞技仅仅是利用信息技术平台，将传统竞技体育电子化。电子运动的概念是一个科学的概念，为了使它的定义更具科学性，我们必须从认识论的高度深入分析和讨论电子运动，明确电子运动的内涵和外延。否则，在界定电子竞技概念时，很容易与一些相关现象或事物相混淆，导致定义与所界定的项目发生偏差，从而在理论乃至实践上产生误导。

电子竞技包含两个基本要素，一个是电子性，另一个是竞技性。因此，它具有运动训练科学和电子学的双重概念。电竞顾名思义，是电子领域的一项竞技运动，这里的电子（Cyber）指的是计算机化或计算机的影响。虽然"电子"一词出现在"竞技体育"之前，但其偏正结构决定了电子体育毕竟是一种竞技体育，是一种以电子信息技术为标志的竞技体育。由于电子竞技运动是以竞技体育为标志的，研究电子竞技运动的概念应该而且必须通过电子信息技术来了解它，同时也不能忽视从运动训练的角度来了解它。对电子竞技体育概念的理解是界定电子竞技体育概念的前提。

逻辑告诉我们，定义一个概念，必须遵守一定的逻辑规则，才能使定义清晰准确，否则就会犯逻辑错误。这些规则的核心内容是：（1）定义必须有明确的概念；（2）定义必须采用相同的概念；（3）定义不得使用已定义的概念。从电子的角度和竞技体育的角度分析电子竞技体育，并讨论电子竞技运动定义中有分歧的问题，根据逻辑的基本原则，我们对电子竞技运动的概念可作如下界定：电子竞技运动是以信息技术为核心的各种硬件和软件设备，在虚拟环境中按照统一的比赛规则为提高体育比赛的成绩而进行的体育游戏活动，对人的思维、反应和协调能力的锻炼都有一定的作用。在定义上，"电子竞技"是一种概念，"游戏活动"是电子竞技的一种属概念，"软件和硬件为设备，以规则为导向，体育游戏活动为标志，以增强身心健康为目的"是种差。在体现属概念与种概念的关系上，"游戏活动"的外延大于"作为一种符号的体育游戏活动"。就其内涵而言，电子运动的概念除了"体育游戏活动"的基本属性外，也具有竞技体育的内涵属性，即提高身心健康和提高运动性能。具体概念的内涵大于从属概念的内涵。在概念的定义中，当一个被定义的概念既有归属又有种差时，就满足了揭示其独特属性的要求。需要指出的是，性质定义、发生定义和功能的定义可以根据物种的不同而加以区分。可见，电子竞技的定义属于性质的定义。

我们对电子竞技概念的讨论，其实就是对电子竞技定义进行逻辑论证和逻辑检验的过程，这一过程使我们对电子竞技概念有了更清晰的认识。

（二）电子竞技运动与传统体育

1. 电子竞技与传统体育的共同特征

电子运动和传统体育都属于体育，在竞技体育的方方面面中具有高度的一致性，科学、系统的训练和比赛的目的是击败对手，取得优秀的成绩，最大化地提高智力、生理、心理和其他个人或团体的潜力。

（1）电子竞技和传统体育都是竞技体育。激烈的竞争是电子竞技与传统体育共同的本质特征。两者都是有敌对和竞争的。运动员需要通过日常艰苦、枯燥的训练，提高对比赛装备的操作速度、反应能力和配合能力等综合能力和素质，依靠技术和战术在对抗中取胜。

（2）电子竞技和传统体育都是规范性的。为了保证运动员充分发挥技战术的作用，制定了大量的规则，以维护比赛的正常进行。同时，运动员的技战术训练也建立在标准要求的基础上。

（3）电子竞技和传统体育都是公平开放的。竞技体育不偏袒任何参赛者，项目、时间、运动员资格等都有明确规定，要求竞赛的相关主体遵守共同的行为准则；开放使体育具有更强的沟通能力和更大的影响力，促进了体育技战术的交流和竞争,确保了比赛的公平推进。

(4)电子竞技与传统体育都是社会历史的产物,其发展与国家和地区的政治、经济、文化、教育、科技等息息相关。

(5)电子竞技与传统体育同样有着明确的功利目的,胜利伴随着各种形式的利益。而且,游戏的结果是在对抗中产生的,并通过社会的认可,结果的产生直接而迅速,不容置疑。

(6)电子竞技和传统体育都具有娱乐性和观赏性。对于参与者来说,赢得比赛可以获得心理上的满足;对观众来说,支持你最喜欢的俱乐部或球员是一种解脱、自由的感觉。

2. 电子竞技与传统体育的区别

(1)方法和手段不同。任何传统运动都需要相应的场地,比如篮球需要篮球场,足球需要足球场,田径需要跑道、沙坑等等。在电子竞技中,这一切都是通过信息技术、各种硬件和软件、网络及其创造的环境来实现的,这是电子竞技体育不同于传统体育的基本特征。

(2)参赛项目的生命力不同。传统体育项目已经有100多年的历史,今天仍然在进行。电子竞技活动变化迅速,很少有电子竞技游戏能持续10年以上。

(3)负责竞赛的各方。电子竞技的IP与传统体育的IP不同:电子竞技游戏是由一家公司单独开发的,IP是专有的。传统体育源于人类文明,其IP具有普遍性。因此,传统体育赛事的组织者通常具有绝对的权威和控制力;在电竞赛事中,由IP持有人即游戏厂商负责,大型赛事的组织者需要获得IP持有人的授权和技术支持,否则无法举办赛事。

(4)区域对团队形成的限制程度不同。传统体育项目的参赛队伍需要组织在一个统一的地点,所有参赛者需要聚集在同一个场地进行面对面的比赛。电子竞技赛事是通过互联网进行的,除了重大活动,参与者很少需要聚集在一个地方,只要他们连接到互联网,就可以竞争。可以说,电子竞技队伍的形成不受地域的限制。

(5)参与者对身体的要求不同。传统体育项目对运动员的身体要求较高,而电子竞技项目对运动员的身体要求较低。

(6)受众年龄分布不同。传统体育赛事的受众多在25-50岁之间,而电竞赛事的受众较传统体育赛事的受众年轻,多在15-40岁之间。

（三）电子竞技运动与网络游戏

电子竞技和网络游戏都属于电子游戏这一大类。但严格来说，电子竞技和网络游戏是两个不同的概念，它们在性质、环境、规则等方面都有很大的不同。

1. 性质不同

电子竞技是体育项目，网络游戏是娱乐项目，这是两者之间最本质的区别。电子竞技的对抗性和竞争性特征是可量化、可重复、可准确比较的，方法是对抗和竞争。它作为一项运动，技术含量高，规律性强，运动员的技战术水平必须通过严格的训练和练习来提高。网络游戏是为了在虚拟世界中追求情感而进行的模拟或角色扮演，相对来说不太重要或不需要游戏技能。

2. 不同的网络环境

从技术层面上讲，两者所依赖的网络环境或载体是不同的，网络游戏完全是建立在互联网上的，没有互联网，根本无法存在。电子竞技依赖于局域网，甚至是两台计算机之间的直接连接。互联网只是电子竞技的一种训练或娱乐手段。

3. 比赛规则不同

电子竞技运动有明确统一的规则，最大的特点是严格的时间和四合限制，在规则下，人们的竞争更多的是以思维能力、反应能力为代表的技战术能力。电子竞技的规则是体育规则，是强制性的。这些规定并非出于商业目的，而是为了创造一个相对公平的竞争环境。而网络游戏缺乏明确统一的竞争规则，仅由游戏厂商制定，并根据不同厂商的商业目的而有所不同。在网络游戏的规则下，人与人、人与机器之间的竞争更多的是关于游戏时间和游戏设备的竞争，这些竞争不是人自身的竞争，而是外界力量的竞争。

4. 比赛结果不同

电子竞技竞赛是一场运动员之间秉承公平公正精神的体育竞赛，通过人与人之间智力和身体的对抗来决定输赢；网络游戏主要是人与机器或人与人之间的交流和互动，不需要通过人与人之间的对抗来判断结果，这是电子竞技不同于网络游戏的主要特点。

5. 利润手段和经营方式不同

网络游戏在很大程度上受到软件厂商的限制。游戏开发者负责游戏的开发，运营商负责运营。玩家根据游戏时间付费，开发商和运营商按一定比例分享收益。而电子竞技基本上不受游戏软件的限制。游戏开发者负责开发游戏，并委托发行公司发行。玩家可以通过一次性付费（有些游戏是免费的）购买游戏来娱乐和比赛。因此，电子竞技比赛的组织者与游戏的开发者和发行商并没有直接的联系，从而导致了这两个平台的构建方式和相互联系方式的显著差异。

虽然电子竞技和网络游戏是不同的，但它们从本质和产业上来说都是信息技术的产物。无论是项目还是行业，网络游戏的基础对电子竞技的发展有很大的好处，而电子竞技的健康发展也对网络游戏的发展起到了促进的作用。

需要注意的是，电子竞技运动和网络游戏之间的障碍不是绝对不能打破的。当网络游戏在厂商调整下去，除等级、装备等外部力量对人物战斗力的影响后，就成为玩家依靠反应能力、思维能力与其他玩家对抗的游戏模式，这种网络游戏模式也可以被称为电子竞技运动（广义），而厂商调整规则的行为则被视为电子竞技游戏的一种手段。

二、电子竞技运动的分类

（一）电子竞技游戏的类型

所有的电子竞技活动都是以游戏为基础的，电子竞技活动与电子竞技游戏是不可分割的。目前，国内电子竞技游戏的类别已经非常丰富，主要的类别有 MOBA、FPS、RTS、TCG、TPS、SPG、FTG 和休闲类。

1. MOBA 类

"多人在线竞技"是指一款多人在线竞技游戏（图 1-1-1）。这类游戏是一种多人在线实时策略游戏，游戏设置在一个竞技场中，以无须付费、公平竞争和实时对抗为特色。在游戏中，玩家通常分为两个队伍，一名玩家控制着队伍中的一个角色,以击败对方队伍的阵地建设为胜利条件,它强调在团队合作的基础上对抗,个人表现和团队运作同等重要。MOBA 游戏在电子竞技比赛中扮演着重要的角色,因为它们具有激烈的对抗和酣畅淋漓的观看体验。

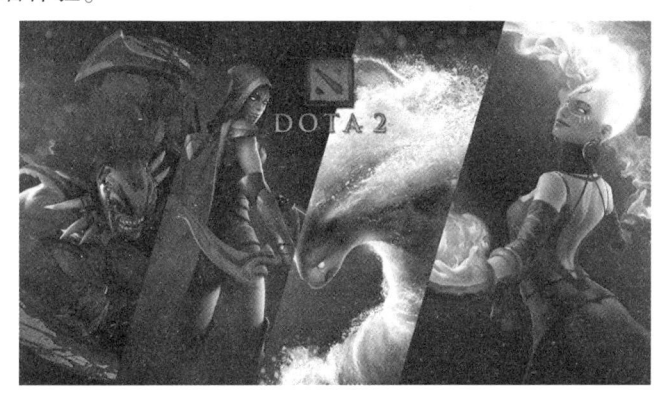

图 1-1-1　DotA2

2. FPS 类

FPS(First-Person Shooter)是指第一人称射击游戏(图 1-1-2),是一种通过玩家主观视角进行的射击游戏。玩家从显示装置所模拟的主角的角度观察物体,进行射击、移动、跳跃、对话等活动。整个游戏过程主要是用枪或其他远程武器进行战斗。这些游戏都具有积极性和真实性,主要测试玩家的反应能力、团队合作和战术运用。

图 1-1-2　CS：GO

3. 即时战略类

RTS（Real-Time Strategy）是指即时策略游戏，属于一种策略游戏。这种游戏是即时游戏，而不是策略游戏中常见的回合制游戏。这类游戏考验的是玩家的整体战略布局、宏观战术、细节操作和反应能力。

4. TCG 类

TCG（Trading Card Game）指卡片收集游戏，或简称 CCG（Collectible Card Game）。这类游戏以收集卡牌为基础，玩家需要通过购买随机包装的补充包来收集卡牌，然后根据自己的策略，灵活使用不同的卡牌构造一套符合规则的卡组来玩游戏。这类游戏强调策略，即玩家根据规则改变或组合卡牌，然后让两个玩家相互对抗。通常情况下，这些卡牌具有一定的价值，玩家可以交易和交换自己的卡牌。如图 1-1-3 所示是此类游戏的鼻祖——万智牌。

图 1-1-3　万智牌游戏画面

5. TPS 类

TPS（第三人称射击游戏）指第三人称射击游戏，是一种射击游戏。与第一人称射击游戏不同的是，第一人称射击游戏只在屏幕上呈现主角的视觉，而第三人称射击游戏则强调动作，主角在屏幕上是可见的。这类游戏有利于玩家观察角色的受伤、周围环境和子弹轨迹等情况。

6. 抢断类别

SPG（Sports Game）是体育竞技类游戏，是指模拟各种各样的体育活动的游戏，模拟程度高，种类繁多。这类游戏考验玩家对传统体育的掌握程度和按键操作。如图 1-1-4 所示为足球游戏 FIFA2020。

图 1-1-4　FIFA20

7. FTG 类

FTG（格斗游戏）指的是格斗游戏。FTG 游戏是由动作游戏演变而来的，即玩家在与电脑一对一的决斗中控制各种角色或由其他玩家控制角色。这种游戏的设置很简单，场景、人物、控制等相对单一，但操作是很困难的，它主要依赖于玩家的快速判断和微观操作获胜，非常考验玩家的个人能力。

8. 休闲类

休闲游戏有很多种。现在比较流行的休闲游戏包括战斗游戏、赛车游戏、棋牌游戏、益智游戏、音乐舞蹈游戏等。

（二）电子竞技赛事类型

电子竞技赛事有多种分类方法。目前，电子竞技赛事的分类主要是按照主办方、游戏平台、比赛地点等方式进行的。

1. 第一方赛事与第三方赛事

与传统体育项目的分类不同，电子竞技项目根据组织者的不同，可以分为第一方项目和第三方项目。

第一方活动是指由游戏官方厂商举办的活动，又称官方活动。第一方的大多数赛事都是单项赛，可以以较小的难度直接向游戏玩家宣传，它的活动策划更注重竞争和公平。综合类官方活动包括暴雪嘉年华等，单一的官方赛事有 LPL、KPL 等。

第三方活动是指由游戏官方厂商以外的第三方举办的活动，包括综合性活动或单项游戏活动。由于缺乏在游戏中直接有效的推广或沟通，此类活动的宣传难度较大，而且影响活动策划的外部因素较多，因此，活动策划需要更全面的考虑。但是，第三方比赛的比赛类型是多种多样的，团队在制定赛程和比赛制度方面需要有丰富的经验才能高效、高质量地举办比赛。综合性第三方赛事包括 WESG、NESO、WCG 等。单项第三方赛事包括黄金大奖赛、龙珠 LKP 等。

2. PC 端电子竞技赛事与移动端电子竞技赛事

根据游戏平台的不同，电竞赛事可以分为 PC 电竞赛事和手机电竞赛事。这两种游戏的受众不同，形成了电子竞技游戏的两种主要方式。（1）PC 端电竞赛事。PC 是个人电脑，PC 端是指计算机端，可以是笔记本电脑或台式电脑。PC 端电子竞技是指以计算机设备为基础的电子体育竞技。（2）移动端电竞赛事。移动端指的是平板电脑、智能手机和 PSP 等电子设备。移动端电竞赛事是指以手机、平板电脑、PSP 等移动游戏设备为载体进行的电子竞技比赛。

3. 线上赛事与线下赛事

由于电子竞技比赛项目的特殊性，电子竞技也有两种专属的项目类型，根据比赛地点的不同，可分为线上赛事和线下赛事。

线上赛事是指玩家在不同地点进行比赛的在线电子竞技赛事。在线形式并不意味着不需要线下场所。例如，当需要直播和口译时，仍然需要在线下搭建口译舞台和录音棚。然而，比赛的划分是基于选手的位置。2018年举办的 PUBG 新年杯是一个典型的网络活动。贺年杯的"外挂疑云"问题也是网络比赛中一直存在的典型问题。由于监管的困难，网络竞争的公平性难以保证。因此，如何在现有条件下保证网络竞争的公平性是网络竞争运作的一大难点。

线下比赛是指双方选手在同一地点进行的电子比赛。对于同等规模的比赛，线下活动的管理和运营比线上活动要困难，因为线下活动还涉及场地、设备、选手管理等。在线下大范畴下，又可细分为室内赛事和室外赛事。室内活动一般在体育馆和大中型工作室举行。根据赛事的规模和需求,对场地有不同的要求。户外活动相对较少,对天气要求高,场地施工难度大。一般来说,由于场地要求较高,只有目的性较强的比赛才在户外举行。

此外,电子竞技赛事还可以根据赛事数量、游戏类型、参赛人数、赛事性质、赛事规模等进行分类,在此不作介绍。

一个赛事并不总是属于一个类别。在大多数情况下,一个赛事同时会有几个类别的属性,每个类别的属性从不同的方面解释事件的特征。分类的意义在于利用标签的特点,使竞赛更容易界定,对制定竞赛的招商计划和实施计划起着指导作用。从传播的角度来看,标签式的提炼也更有利于游戏的传播,让受众能够快速记住游戏。

三、电子竞技运动的基本特征

电子竞争有两个基本特征:电子化和竞争性。

"电子化"是指借助信息技术和各种软硬件及其创造的环境进行的体育活动的手段,类似于传统体育赛事中的设备和场地。在电子竞技中,"对抗模式"是通过信息技术实现的,这也是电子竞技与传统体育的区别。

根据联合国教科文组织制定的《竞技体育宣言》,凡具有游戏性质、与他人竞争或自我斗争形式的体育活动均称为竞技体育。如果这项活动是竞争性的,那么它必须以良好的体育精神进行。没有公平竞争的运动不是真正的竞技运动。无论是技术体育还是电子竞技,"竞赛"都是指体育的本质,即竞争。作为一项体育运动,竞争是其最基本的特征。电子竞技有很多种类和项目,但核心绝对是对抗和公平竞争。

四、电子竞技运动的时代环境

(一)政治环境的扶持与帮助

国家逐步放宽对电子竞技的态度,逐步放开政策和监管,由限制向鼓励转变,不断支持电子竞技产业的发展。

在政策执行方面,政府部门不仅加强了电子竞技行业的指导和监管,还带头举办大型电子竞技活动，比如 WCA 和 CMEG，加强电子竞技行业的管理，对电子竞技活动产生了巨大的示范和推广效应。

此外，全国对电子竞技赛事的正面报道也在增加。2016 年 2 月 25 日，央视《世界新闻报》栏目首次对电竞进行了正面报道，并采访了来自游戏厂商、行业专家、电竞爱好者等方面的代表。2016 年 9 月 2 日，《人民日报》发表文章《用鼠标键盘进行的体育项目》，文章将电子竞技与围棋、台球等传统体育运动进行了比较，澄清了"电子竞技是否是一项运动"的争议。国家在舆论上的引导非常有助于改变公众"电子竞技只是在玩游戏"的错误认识，大大提升了电子竞技在主流媒体中的地位。

（二）经济环境的提升与促进

网络游戏产业正逐渐成为我国重要的经济和文化产业，并呈现整体稳定的趋势。电竞行业的成熟和发展与网络、金融、体育等各个行业密切相关。近年来，这些相关产业的快速发展和人们观念的巨大转变，为我国数字体育产业的发展奠定了坚实的基础。

中国宏观经济增长良好稳定，居民总体人均可支配收入的增加提高了人民群众娱乐生活的消费能力。电子竞技作为一种重要的文化娱乐消费行为，其行业收入也随之增加。根据中国互联网络信息中心（CNNIC）的数据，2017 年中国网民人数超过 8 亿。人们日益坚实的物质基础和提高生活质量的需求释放了巨大的购买文化产品的欲望，不断增长的娱乐需求和消费能力导致了电竞行业的快速发展。

电子竞技广告营销、赛事营销以及电子竞技明星的泛娱乐化使电子竞技成为一个热门领域，受到资本市场的热烈欢迎，许多行业领袖都投资了电子竞技领域。

（三）社会环境的认可与包容

随着经济的发展和社会包容的加强，大众媒体对电子竞技的偏见逐渐消除。电子竞技以积极的形象进入了人们的视野，逐渐被社会所关注、接受和认可。

如今，85 后、90 后以及年轻一代受到网络游戏的影响，已经成长为社会上最活跃的互联网用户群体，对电子竞技有着较高的好感。随着计算机技术和智能设备的普及和应用，以及互联网的普及，人们所能接收到的信息的广度和深度已经达到了前所未有的水平，电竞行业的用户群体逐渐成熟，影响力逐渐增强，电竞逐渐成为主流文化。

电子竞技技术集科技、竞技、娱乐、时尚于一体，迎合了新时代人们低消费、易参与、互动性强的娱乐需求，以及人们业余时间对电子体育游戏的黏性需求。各行各业都参与或布局了电竞扩张的泛娱乐化趋势，各领域都出现了促进电竞发展的生态。

（四）技术环境的创新与融合

移动通信技术、云计算技术、智能终端等互联网技术的快速发展和普及，为电竞行业的发展提供了技术保障。移动互联网宽带水平有所提高，运营商主动降低资费、推广新技术。国内虚拟运营商的一部分已经完全覆盖了4G，智能移动终端设备升级，迎来新一轮的降价，为电子竞技用户提供了一个更宽松的环境，也为开发更多互动、娱乐功能，如社交场景和模式，提高电子竞技游戏播放画面的表现力和丰富电子竞技的内容带来了更多的机会。

硬件设施的发展和日益成熟的视频技术提高了电子竞技的视觉体验，同时，也使电子竞技游戏的研究和开发质量也越来越高，技术变得越来越成熟，竞技效能持续放大。

第二节　电子竞技运动的发展与展望

一、电子竞技运动的发展

（一）萌芽期（1972—1980年）

电子竞技的起源可以追溯到电子游戏的早期。《太空战争》并不是世界上第一款电子游戏，但它却是世界上第一款真正有趣的电子游戏，这使得它比第一款电子游戏《双打网球》更具标志性。

1972年10月19日，斯坦福大学的学生被邀请参加一个名为《太空战争》的竞赛，获奖的学生将获得一份为期一年的免费滚石杂志。于是，在斯坦福人工智能实验室旁边著名的PDP-10计算机开始了有趣的《太空战争》。该游戏的竞赛有较为完善的竞赛制度，分为五人大乱斗和团队竞赛两种模式。它是历史上最早的电子竞技竞赛，可以说是电子竞技的起源。

电子游戏向街机游戏的转移也开启了电子竞技的新世界。

1976年，Midway发行了第一款高分街机游戏《海狼》。玩家在游戏中的分数会显示在屏幕底部，并且之前的最高分数会显示在当前分数下面。从那以后，从《小行星》到1979年的《星火》等游戏都在该平台上获得了高分。虽然有些游戏提供面对面的比赛，但大多数玩家之间的竞争不是同步的，而是通过街机游戏自身的高分表竞争。虽然玩家可以在本地街机游戏中保持联系，但高分榜在跨越竞争方面的能力是革命性的。观众不再需要当场见证玩家的成就，也不需要站在玩家身后观看他们的胜利，机器和高分榜为玩家提供了一个持续竞争的平台。

（二）初长期（1980—1990年）

1980年，雅达利（第一家PC主机制造商）举办了一场名为太空入侵者锦标赛的大型游戏锦标赛，并使用了由日本南梦宫的游戏公司于1979年发行的街机射击游戏《太空入侵者》。当时，这项赛事大受欢迎，吸引了一万多名参与者。与此同时，竞技游戏逐渐成为主流游戏类型，引发了电子竞技领域的蓬勃发展。

1981年夏天，沃尔特·达伊（Walter Day）在美国一家电子游戏公司工作了4个多月，玩了100多款电子游戏，他每场比赛都得高分。1981年11月10日，沃尔特·达伊在爱荷华州开设了他自己的游戏厅，它被称为双子银河。1982年2月9日，他以双子银行全国记分牌的名义公开发布了数据库中的记录。从那时起，他就专注于通过收集和记录高分、举办高调的电子游戏大师锦标赛以及发布关于最佳玩家的信息来维持这个圈子的运转。尽管双子银河从未涉足电子竞技，但它是电子游戏被严肃对待为竞技体育的开端，并推动了电子竞技的大规模发展。

随着高端游戏向更广泛的用户传播，怎样让电子竞技的内容和新闻面向非游戏玩家？这取决于一种重要的媒体——电视。

1982年，世界上第一个电子竞技比赛节目《星际游乐园》开始播出。从1982年到1984年，TBS电视台在美国播出了133集，深受好评。在推广初期，沃尔特·达伊还展示了一款来自热门电视节目《难以置信》（That's Incredible）中电子游戏。该系列游戏将不同街机游戏的玩家聚集在一起，并通过计算他们在游戏过程中所积累的点数而让他们相互竞争。

这些节目不仅展示了这个新活动带来的兴奋和喜悦，也展示了电子游戏向易于传播和观众接触的转变。它们展示了20世纪80年代人们是如何尝试着将休闲游戏和电子游戏与现有的电视节目相结合的。

然而，街机游戏的衰落伴随着任天堂（Nintendo）和各种家用主机的崛起，尤其是雅达利（Atari），竞技游戏也得以适应并从街机活动发展为家用游戏，从而导致竞争格局的变化。

（三）发展期（1990—2000年）

虽然竞争性街机游戏和主机的出现是电子竞技发展的一部分，但真正赋予电子竞技优势的是在线游戏的崛起。互联网使人们可以做大大小小的事情。在电子竞技的历史上，网络游戏一直扮演着重要的角色。

20世纪90年代，电子竞技比赛开始变得更加专业。最具标志性的事件是1990年任天堂世界锦标赛，这是1990年任天堂为了推广其家庭游戏机（FC）（图1-2-1）在美国举办的。比赛分为两个阶段：3月份在29个城市进行初赛，9月份在佛罗里达州奥兰多的环球影城进行决赛。比赛包括《超级马里奥兄弟》和《俄罗斯方块》游戏。参赛者需要在6分21秒的时间内在《超级马里奥兄弟》中吃掉50个金币，在《Red Racer》中完成一圈，在《俄罗斯方块》中利用剩余时间获得尽可能高的分数。胜者由三场比赛的总分决定。任天堂世界锦标赛是历史上第一个正式的电子竞技赛事，为随后的世界锦标赛奠定了基础。

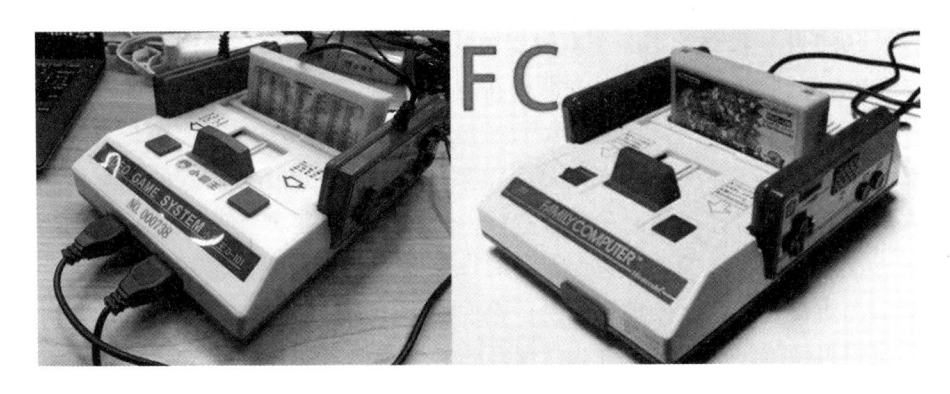

图 1-2-1　任天堂红白

　　1991 年，以《街头霸王》和其他大型电子格斗游戏为主的街机竞争开始出现在日本和美国。街机格斗文化也通过当时新兴的互联网迅速形成了自己的电子竞技社区（图 1-2-2）。

图 1-2-2　街头霸王

　　1992 年，ID 发行了一款名为《德军总部 3D》的游戏。到 1993 年，这款游戏已经风靡全球，开创了一种全新的游戏方式，以自己的视角探索地图，杀死敌人，这就是众所周知的第一人称射击游戏。许多经典游戏，如《毁灭战士》和 1996 年的《雷神之锤》，都推动了第一人称射击游戏的发展。

1995年，美国西木工作室推出了实时策略游戏《命令与征服》，这款游戏让人们能够通过局域网技术相互竞争。随后出现了许多此类游戏，如暴雪的《星际争霸》和《魔兽争霸》，并开始在美国和欧洲出现有组织的比赛。这项通过互联网的多人游戏技术加速了电子竞技的发展。

到20世纪90年代末，随着互联网的普及，电子竞技在人们心中已经上升到了一个新的高度。此时，ID Software、V社、暴雪等游戏公司开始制作了很多知名游戏，越来越多的电竞比赛组织开始成立，"传统"的比赛项目也出现了。

Quakecon于1996年由一群狂热爱好者发起，现已成为面对面（F2F）竞技游戏的主要战场。Quakecon最初是由一个志愿者社区运营的，每年在美国德克萨斯州举办一次，它将狂热的游戏玩家聚集到一起参加一个基于局域网的游戏活动。游戏比赛自从第一次举办以来就一直是该赛事的一部分。随着Quakecon的发展（每年多达7000名参与者），国际玩家也被吸引前来参赛。

1997年5月，由软件公司鹰图（Intergraph）赞助的第一届电子竞技锦标赛Red Annihilation吸引了2000名参赛者。这场世界闻名的邀请赛的大奖是首席程序员、ID Software创始人之一约翰·卡马克（John Carmack）在完成《德军总部3D》制作之后买下的第一辆法拉利——一辆红色的328 GTS。最后，Dennis"Thresh"Fong赢得了邀请赛，他随后在他的Gamers Extreme中展示了这辆法拉利。由于其出色的地理位置、赞助商和奖项，这场邀请赛成为电子竞技历史的重要一部分，并被认为是现代电子竞技的起源。

不久之后，德克萨斯州的安吉·穆洛兹成立了一个很有影响力的组织，名为职业电子竞技联盟（CPL）。CPL成为电子竞技领域最具影响力的组织之一，涵盖了一系列冠军头衔，为奖金、赞助和企业合作建立了新的标准，提高了电子竞技启动阶段的活动水平。

1997年6月27日，第一届CPL邀请赛在美国达拉斯举行。大约有400名选手参加了这次比赛。该比赛提供了3500美元的现金奖励。此时，Muloz开始传播"电子竞技"的理念，他的CPL邀请赛迅速成为大众媒体报道专业电子游戏的典范。安吉·穆洛兹帮助许多顶级游戏玩家开启了职业生涯。与此同时，CPL也成为竞技比赛走向世界的窗口。国际玩家从欧洲前往达拉斯参加比赛。最后，该联盟正式扩展到北美以外的地区，通过与中国和巴西等国的当地合作伙伴的合作，在全球范围内开展业务。

与此同时，亚洲对电子竞技的热情开始升温，尤其是在韩国。直到今天，韩国仍被公认为电子竞技之国——拥有最好的电子竞技报道和最专业的电子竞技电视频道。

（四）成熟期（2000—2010 年）

电子竞技起源于美国，但在世界各地蓬勃发展。21 世纪初，随着电竞行业的快速发展，各种电竞赛事如雨后春笋般涌现。国际上许多著名的电子竞技赛事都是在这一时期创立的，电子竞技也正处于蓬勃发展的阶段，国际电子竞技联盟也在这一时期诞生。

1. 世界电子竞技大赛

世界电子竞技大赛（WCG）成立于 2000 年，结束于 2013 年，是由三星和韩国政府（文化旅游部和信息通信部）赞助的一项国际比赛。它被称为电子竞技的奥运会。WCG 与 ESWC（ESWC World Cup）和 CPL（Professional eSports League）一起被称为全球三大电子竞技赛事，其中 WCG 是规模最大、最具影响力的电子竞技赛事。每个国家和地区举行预选赛，赢家可以参与主办城市的全球总决赛，比赛持续 3 天，最后决出冠亚季军，并颁发奖牌和奖金。

世界电子竞技大赛以"超越游戏"为口号，以促进全球电子竞技的发展为目标，旨在促进互联网时代人们之间的沟通、互动和交流，促进人类生活的和谐和幸福。

自 2001 年第一次世界电子竞技比赛以来，比赛组织者将其定义为全球地位的电子竞技活动，承担着沟通世界顶级电子竞技运动员、国际交流的责任，成为一种新形式的先锋运动。根据世界电子竞技锦标赛的参赛规定，多国籍选手只能参加一个国家的资格赛决赛，违者将被取消参赛资格。

这场历时 13 年的电子奥运会最终停办。根据韩国媒体的分析，WCG 比赛暂停的原因主要有两个：一是电子竞技市场竞争日益激烈，二是转型手机游戏竞赛的失败。

2017 年 12 月 14 日，《穿越火线》的开发商 SmileGate 宣布已购买

WCG商标,并将以独立的方式举办这一全球赛事,将于2018年在泰国曼谷重启WCG锦标赛,但由于未知原因,WCG仍未能重启。

2. 电子竞技世界杯

电子竞技世界杯(ESWC)是一项国际性的专业电子竞技赛事。ESWC最初是由法国公司Ligarena创建的,该公司以前以LAN Arena的名义在法国举办较小的局域网(LAN)活动。2003年,利格菲尔德扩大了其业务规模,ESWC由此诞生。每年,来自世界各地的国家预选赛获胜者都有权代表自己的国家参加ESWC总决赛,该总决赛完全向公众开放,每年吸引2-3万直播观众,以及通过其他媒体观看的数千万观众。ESWC对比赛有一个权威的要求:表彰来自世界各地的冠军,让他们成为真正的运动员。

2003年3月至6月,首届ESWC在28个国家举办了资格赛,约有100万名选手参加;总决赛于7月13日在巴黎西南部普瓦捷的"未来之景"中央公园举行。本次全球总决赛共有来自28个国家的400名选手参加,可以说是继WCG和CPL之后的第三大全球线上竞技赛事。

从2006年到2008年,ESWC因多次拖欠选手奖金而备受指责,其运营公司于2008年宣布破产,正式结束了仅举办了6年ESWC。ESWC被Games Solution于2009年收购,但Games Solution宣布不会继承ESWC之前的债务和拒绝支付所拖欠的奖金,这引起了很大的争议,导致2009年ESWC的质量明显降低,随后ESWC也被嘲笑拖欠奖金而名存实亡了。

2012年,电竞代理公司Oxent宣布从Games Solution手中收购ESWC品牌所有权。自那以后,ESWC变得更加规范,吸引了更多的电竞队伍,并按时发放奖金——ESWC再一次成为世界顶级赛事。

3. 世界电子竞技比赛

世界电子竞技比赛(WEG)是继WCG后韩国电子竞技产业建立的一个顶级国际电子体育赛事,是世界上第一个全程转播比赛的国际电子竞技大会,其组织者是韩国最专业的电视媒体Ongamenet,比赛全程由Ongamenet独家报道,其在2005年将WEG打造成最正式的职业电子竞技。为了吸引全球电竞爱好者的关注,大会特别邀请了代表世界最高水平的选手参加该赛事,这是继WCG、ESWC、CPL之后的国际上公认的第四大电竞赛事。

4. NGL 电子竞技赛事

NGL 是由德国电子竞技锦标赛组织者 Freaks4U 于 2006 年 5 月 3 日成立的一项新的电子竞技赛事。它由《反恐精英》和《魔兽争霸 3 冰封王座》组成。比赛以俱乐部战队为基础。首先进行网上循环赛，选出网上比赛中成绩最好的 4 支队伍，然后进行线下决赛。NGL 分为两个级别的比赛，顶级赛区被称为 NGLONE，次级赛区被称为 NGLTWO。每个赛季都有升降级系统。

该锦标赛可以追溯到 1997 年，当时 Netzstatt 在德国组织了许多成功的锦标赛，包括《虚幻竞技场 MCSM 星际争霸》。自 2005 年以来，Freaks4U 接管了 NGL 的赛事，并将其扩展为更大、更专业的赛事。

NGL 第一季的总决赛于 2006 年 8 月 23 日至 27 日在欧洲最大的电子游戏盛会——Games Conven Tion 2006 的主会场举行。一些欧洲的 CS 和魔兽战队争夺总共 66,000 美元的奖金。

一年后，NGL 成为仅次于 ESL 的欧洲最佳在线联赛，有来自世界各地的顶级战队参加。由于其新颖的形式，高奖金和严格的管理，NGL 已经成为一个有吸引力的电子竞技联盟。

5. 全球电子竞技比赛

全球电子竞技大赛（KODE5）于 2006 年在德国汉诺威 CeBIT 会场举行。KODE5 以《反恐精英》和《Quake4》的表演赛来吸引观众的眼球，让他们体验到电子竞技的刺激。首届 KODE5 全球总决赛在中国举行。

KODE5 是一个面向全球电子竞技玩家的 code（指令）。这一 code 传达了全球电子竞技玩家将本着体育精神，以公平、公开和公平的方式进行比赛的信息。"5" 代表世界五大洲，KODE5 跨越 16 个国家。

KODE5 是一个开放的组织，代表了电子竞技的开放性和赛事的无边界性。任何想要参加 KODE 5 的人，无论是专业的还是业余的，都可以聚在一起进行比赛。没有国界的比赛意味着玩家不受国籍限制，玩家可以在举办 KODE 5 比赛的任何国家进行比赛。

6. 国际电子竞技联盟

2008 年 11 月 13 日，国际电竞联合会（IESF）在韩国首尔设立了总部，并选举出了第一任主席，成立了事务局。韩国、德国、比利时、澳大利亚、瑞士和越南等9个国家和地区成为首批成员。

IESF是一个国际性的电子竞技管理机构，在全球有47个成员国和地区，包括代表韩国的韩国电子竞技协会（KeSPA）和代表中国的中国体育信息中心（CSIC）。IESF的首要任务是促进电子竞技在世界范围内的发展，使电子竞技成为国际主流体育项目，并得到最权威的国际体育组织的认可（如世界体育联合会、国际奥林匹克委员会），以提高电子竞技运动员的地位。按照这一原则，IESF与著名的国际体育组织密切合作如世界体育联合会、亚奥理事会以及国际体育联合会。

（五）稳定期（2010年至今）

在全球化的时代，信息化和一体化的大背景下，随着电子体育活动日益规范和成熟，电子竞技已经逐渐进入体育范畴，竞技体育的影响正在迅速增加，和传统体育之间的差距也越来越小，公众也开始倾向于承认电子竞技属于体育运动。各国高校纷纷将其纳入教育体系，推行"电竞教育"，为电竞行业培养更多的人才。电子竞技的发展已经成为各国体育发展的软实力，电子竞技的国际格局已基本形成。

1. 各国政府的支持

2013年7月，《英雄联盟》开发商Riot Games宣布获得美国政府政策许可，允许其他国家的玩家以正式工作的形式进入美国参赛。国际运动员可以因为LOL赛事在申请签证的过程中被视为职业体育运动员。美国移民局承认LOL的职业身份，玩家甚至可以通过职业运动员签证移民。第一个得到工作签证的是来自加拿大埃德蒙顿的Danny Shiphtur Le，他申请P-1A签证是为了参加10月4日在洛杉矶举行的第三届《英雄联盟》世界锦标赛。

2014年底，马来西亚政府成立了马来西亚电子竞技组织，这一组织位于国家体育委员会下，电子竞技将与传统体育一起正式成为马来西亚的体育项目之一。

2015年11月8日，法国政府修订了《数字电子产品管理法》，将电子竞技纳入法国政府正式承认的体育项目。此后，法国政府承认电子竞技是一项正式的体育运动，表示将"尽可能提升其竞争作用，并考虑到可能的负面影响，确保及时采取指导措施，以确保该行业的经济可行性"。

2016年2月，国际电子体育联合会（IESF）向国际奥委会（IOC）提交了电子竞技比赛申请参加奥运会的材料和文件。

2017年，一直被误认为是"不务正业"的电子竞技终于得到正名。

2017年4月17日，亚洲奥林匹克理事会和阿里体育在杭州宣布，电子竞技将加入2017年亚洲室内武术运动会、2018年雅加达亚运会和2022年杭州亚运会。

在2017年10月28日于瑞士洛桑举行的第六届国际奥委会峰会上，国际奥委会代表讨论了当前电子竞技产业的快速发展，并同意将其视为一项"运动"：一款具有竞争性的电子游戏赛事也可以被视为一项运动。"现在，电子竞技玩家在游戏中的准备和训练量与传统体育运动员不相上下。"

2. 在各国普及电子竞技教育

2014年，伊利诺斯州罗伯特莫里斯大学正式将电子竞技纳入其体育系课程，提供电子竞技学位和奖学金。

同年，韩国中央大学开设了电子竞技课程。

2016年，日本滋庆学园电子竞技学院的第一批学生达到了40多名，并于2018年3月毕业。第二学年招收了60名学生，电子竞技学院现在计划在大阪开设第二所分校招收更多学生。

2016年8月，挪威游戏高中开始开设《英雄联盟》《刀塔2》《CS：Go》《星际争霸2》课程。和传统课程一样，这些课程是按年级授课的，最终成绩将计入学生的GPA。

同年，内蒙古锡林郭勒职业学院开设了国内第一个电子竞技专业课程，以培养职业运动员为目标。

2017年4月，由亚洲太平洋大学和马来西亚的电子竞技联合创办的首个电子体育学校开学，课程以游戏为主，主要是培养职业运动员和俱乐部管理、培训和其他相关人员。

3. 国际电子竞技群雄逐鹿

随着社会的发展，电子竞技逐渐被人们所接受和拓展，全球电子竞技领域正处于一种竞争格局中。中国在《Dota 2》中位居世界第一，美国在《使命召唤》和《光荣》中位居世界第一，韩国在《英雄联盟》中位居世界第一，瑞典和加拿大在《CS：Go》中位居世界第一。事实上，国际顶级赛事已不再局限于欧洲、美国、韩国，东南亚、澳大利亚等地也涌现出许多新兴力量，电子竞技的世界正在开花结果。

二、欧、美、韩电子竞技赛事的发展

（一）美国电子竞技赛事的发展

1. 街机游戏比赛与家用游戏机比赛

美国的电子竞技可以追溯到 20 世纪 70 年代的街机游戏。虽然这些比赛主要是玩家的聚集，与今天的电子竞技相距甚远，但这些街机比赛的竞争性为早期北美电子竞技的诞生奠定了基础。

1980 年 5 月，南宫梦在街机平台上发行了《吃豆人》。由于其新颖的绘画风格和独特的游戏玩法，《吃豆人》迅速受到玩家的欢迎，并成为 20 世纪 80 年代最受欢迎的街机游戏之一。

1983 年，美国国家游戏队成立，拉开了团队比赛的序幕。

1985 年，比利·米切尔（Billy Mitchell）因连续 6 次在《吃豆人》和《大金刚》游戏中获得最高分而成为世界闻名的街机玩家。

在 20 世纪 80 年代中期，FC 开启了电子游戏的新时代。

1986 年，当 FC 发展到第三代时，美国 ABC 电视台播出了一个现场智力竞赛节目，两个青少年相互竞争看自己有多聪明。虽然是一款简单的智力竞赛游戏，但在电子竞技的历史上却有着重要的意义，一度被认为是电子竞技的开端。

1990 年，任天堂在美国举办了任天堂世界锦标赛，以推广自己的 FC。这次比赛是为之后的世界锦标赛做准备的，也是历史上第一次正式的电子竞技比赛。

2. 电子竞技赛事和职业联赛

20 世纪 90 年代初，由于电子竞技技术的局限性和电子竞技参与者自身的局限性，使得信息的交流不够广泛和迅速。在此期间，电子竞技活动很少。随着家用电脑的兴起，《毁灭战士》成为一款具有里程碑意义的 FPS 游戏。

1993 年 12 月，ID Software 发布了游戏《毁灭战士》，这是一款多人死亡比赛游戏，引领了 FPS 游戏的"死亡比赛"模式。随着《毁灭战士1》的出现。充斥着玩家、团队和在线电子竞技声音的聊天室开始蓬勃发展。

1994年10月，《毁灭战士2》发行，并迅速取代了《毁灭战士1》。Dwango 推出了他们的服务，允许用户通过电话线免费连接到他们的拨号服务器。Dwango 在北美拥有 20 多组服务器，成为最初的游戏中心。

1995年，微软赞助了一个刚刚起步的电子竞技赛事——死亡竞赛95，以推广新发布的 Windows 95 操作系统。Deathmatch 95 是当时最大的离线游戏之一，其主要内容是《毁灭战士2》，但整个比赛中有三款游戏：《毁灭战士》、《毁灭战士2》和《异教徒》。22 名决赛选手在当地的 Dwango 服务器上争夺地区预选权后，被邀请到华盛顿特区参加决赛。这一次，魔术师 Thresh 以 8 比 0 的比分击败了 Romine，取得了最终的胜利，获得了价值一万多美元的电脑，并接受了 CNET 电视台的采访。

1996年，著名的共有娱乐网（TEN）在计算机硬件制造商和电信服务提供商的赞助下组织了一些电子竞技比赛，并成立了第一个职业电子竞技联盟——Professional Garners League（PGL）。PGL 诞生后，其规模、参赛人数和高额奖金都是当时同类赛事所无法比拟的，因此 PGL 成为北美选手最高荣誉的象征。PGL 第一个赛季的参赛人数约为 6000 人。最后，Thresh 以 6 比 2 击败 Reptile，赢得 7500 美元和一台最新款的 AMDK6-2CPU 电脑。

1997年6月，安吉·穆洛兹成立了另一个职业电子竞技联盟 CPL，这是世界上第一个将电脑游戏比赛作为竞技游戏运动的组织，是推动美国电子竞技运动的主要力量，也推动了电子竞技的职业化。

1997年10月31日，在达拉斯称为 InforMart 的一幢建筑里，安吉与 CPL 组织建立了"优秀玩家大集合"，简称 The FRAG，这是电子竞技游戏的历史上的首个大型比赛，所有的参与者和参赛者都认为它是非常成功的，CPL 后来鼎盛时期的荣耀都来自这个看似微不足道的小比赛。在评论这次活动时，Angel 说道：The Frag 是我们试图标准化电子游戏竞技概念的一个很好的例子。例如，Frag 是第一个使用同一台电脑的比赛，第一个引入不同场地的比赛，第一个有产品展示的比赛，第一个被称为运动的比赛。从那一刻起，我们创造了一个全新的电子竞技概念，它永远地改变了整个行业的面貌。

1998年7月，CPL 组织在美国达拉斯的 Infomart 举办了第二场现场赛事。这项活动被正式命名为 CPL。在 CPL 上，该组织首次为业余运动员设立了 BYOC 区。顾名思义，玩家可以自带电脑参加比赛。CPL 为他们提供了专门的网络设备和比赛服务器，所有这些都为 CPL 的成功奠定了基础，使它成为世界顶级的电子竞技赛事和组织。

到 1999 年，CPL 的影响力已经超过 WCG，成为覆盖五大洲的全球性竞技联赛，并在 30 个国家获得了职业竞技联赛的授权。PGL 逐渐从人们的视野中消失。不幸的是，CPL 缺乏造血能力，需要持续输血外部资金来维持其运作。CPL 于 2008 年 3 月因财务问题倒闭，直到 2011 年才恢复运营，而在此期间 MLG 迅速崛起并迅速占领了北美市场，成为该地区最大的职业联赛。

2002 年 9 月，Sundance DiGiovanni 和 Mike Sepso 成立了美国职业游戏大联盟（MLG），总部设在美国纽约。它不仅是北美顶级电子竞技联盟，也是全球最大的专业电子游戏联盟。

为了增强电脑和主机游戏的竞争性和娱乐性，MLG 还涉足电视节目和游戏开发。2009 年 8 月 18 日，MLG 收购了 Agora Games。为了便于直播，MLG 的比赛将只在一个主要场馆举行，主会场有两个主舞台。比赛将持续三天，重要比赛将从早到晚挑选在主舞台上举行。此外，还会有"红"和"蓝"两个流，分别播放这两个舞台的情况。根据以往的经验，MLG 直播不需要缓冲，而且画面质量非常清晰。

MLG 的目标是把电子竞技变成更可行的主流运动。此前，MLG 专注于 FPS 和格斗游戏，但在 2010 年，MLG 选择了《星际争霸》和《英雄联盟》作为自己的游戏，专注于 RTS 和 MOBA 游戏。

3. 美国校园的电子竞技赛事

虽然电子竞技在美国的大学校园里无处不在，但与亚洲和欧洲国家不同的是，美国选择在大学举办电子竞技比赛，并为参加比赛的学生提供奖励。现在，许多大学都在效仿 NCAA 的模式，越来越多的大学向电子竞技敞开了大门。他们将电子竞技运动员视为运动员，为参加电子竞技比赛的大学生提供体育奖学金，并在校园里建造电子竞技大厅。不仅仅是校园里的电子竞技比赛在增加，奖金也在增加，赢得一项主要比赛有时可以为学生赢得数年的学费。数百所美国大学已经参加了电子竞技活动。

2009 年，美国普林斯顿大学（Princeton University）成立了大学生明星联盟（Collegiate Star League，CSL）。CSL 已经从 25 支队位发展到数百支队位。CSL 是北美最大的高校电子竞技联盟，目前拥有 8 个电子竞技项目，包括《英雄联盟》《Dota 2》《CS：GO》《星际争霸 2》《守望先锋》《炉石传说》《Madden NFL》（PC 电竞）和《虚荣》（手机电竞）。

2014 年 2 月，Riot Games 举办了第一届北美大学生锦标赛（North American Collegiate Championship），类似于该公司热门战斗游戏《英雄联盟》（League of Legends）的四强决赛。该活动在 Riot Games 位于曼哈顿海滩的一间电竞室举行，现场人山人海。由华盛顿大学的五名学生组成的团队赢得了比赛。在巅峰时期，有 16.9 万人在线观看了这次比赛。作为奖励，团队的每名成员都获得了 7500 美元的奖学金。

2014 年 9 月，芝加哥罗伯特莫里斯大学成立了英雄联盟校队，并根据学生玩英雄联盟的经验向他们颁发奖学金。这是北美大学首次将《英雄联盟》列为体育赛事。大学代表队也将在北美的英雄联盟学院联盟中竞争。与此同时，LOL 代表队享受与其他运动代表队相同的福利，包括教练、专业人员、培训和指导。据《纽约时报》（The New York Times）报道，首批《英雄联盟》大学代表队的优秀学生运动员获得的体育奖学金总额超过 50 万美元。

2015 年，密苏里州的玛丽维尔大学（University of Maryville）也设立了电子竞技奖学金，不久之后，玛丽维尔的《英雄联盟》团队赢得了 CSL 冠军。除了五位参赛选手是大学生外，大三的肯尼思·林也致力于提高队伍的表现，满足队伍的需要。他的工作类似于电子竞技俱乐部的教练和领队。

2016 年，加州大学欧文分校（University of California，Irvine）开始为电子竞技项目提供奖学金，并在校园里修建了一个特殊的电子竞技场地。它由 Riot 公司投资，配备了世界上最高的电脑外设，占地 3500 平方米，拥有 80 台电脑，是根据韩国网吧风格设计的。开学当天，UCI 电子竞技馆的门口挤满了围观的学生和媒体记者。

2017 年 1 月 30 日，美国十校联盟（Big Ten Conference）首次举办了电子竞技比赛，并将《英雄联盟》引入了大学联盟。除了在互联网上直播这些游戏，福克斯和十大联盟电视网也直播了一些十大联盟的《英雄联盟》电子竞技游戏的集锦。

2018年，宾夕法尼亚州哈里斯堡大学成立了校园电竞团队，为来自《炉石传说》《英雄联盟》和《守望先锋》的16名玩家提供全额奖学金，为学校未来的大学电竞做准备。

（二）欧洲电子竞技赛事的发展

1. SK Gaming 俱乐部

SK Gaming 游戏（原名 Schroet Kommando）俱乐部（以下简称 SK）成立于1997年，源于德国职业电子竞技组织，被认为是电子竞技世界最成功的队伍之一，它是欧洲电子竞技行业的老兵，也是玩家的豪门俱乐部，它在新世纪欧洲电子竞技起航中扮演了开拓者的角色。

1997年6月19日，7名年轻人在德国中西部鲁尔地区的奥伯豪森成立了雷神之锤战队。因为 SK 的创始人之一在玩《雷神之锤：死亡竞赛》时，会在拿起双管猎枪时喊出"Schroet"，所以他们将这个词混进了俱乐部的名字中，称其为 Schroet Kommando。从此，这个团体开始更经常地使用他们的缩写（SK），直到最终改名为 SK Gaming（图1-2-3）。

图1-2-3　SK Gaming Club

SK 参加的第一次比赛是在瑞士巴塞尔举行的大型线下赛事，他们最终赢得了 QuakeWorld 4VS4 冠军。

1998年 SK 参加了荷兰最著名的线下赛事 Q Day Ⅲ。在最后的 4vs4 比赛中，他们击败了瑞典的迪斯尼魔鬼队，获得冠军。1998年10月22日，在 Methos Ultimate Quake Poll 的第二赛季中，Schroet Kommando 被评为世界最佳 Quake World 战队第三名，整体排名第四。

2000年，SK 转向《Quake3》和《反恐精英》。在《Quake3》和《反

》发行一个月后，SK 成立了一个新的女子战队。

2001 年 9 月 23 日，SK 宣布与瑞典著名战队 Geek Boys 成立 CS Team。当时，Geek Boys 是 1999 年 CSL 和 2001 年欧洲公开赛的冠军。

2003 年 2 月 1 日，SK 开始与队员签订合同，五名队员将按照合同的规定为球队履行自己的义务，合同规定队员将在 2003 年 2 月至 2003 年 10 月期间为球队工作。SK 成为第一家签约的电子竞技俱乐部。SK 的这一举动模仿了传统行业的俱乐部制度，使运动员和队伍专业化，并通过劳动合同的形式逐步形成了电竞行业的规范。这一年，SK 几乎赢得了所有比赛的冠军。

2004 年 5 月 18 日，NOA 团队买断 Ola "Element" Moum 与 SK. swe 的合同，SK 成为第一个收取转会费的电竞组织。从那时起，电子竞技行业就有了商业合作和交易，资金也开始流入电子竞技行业。12 月 31 日，由于奖金分配等问题，CS 分队与管理层发生了分歧。CS 分队成员集体拒绝续签合同，退出 SK，重新组建了一个传奇团队——睡衣忍者（NiP）。

2005 年，CS 分队的解散让 SK 重新思考如何平衡团队和个人的利益。SK 从中吸取教训，逐步参与 WAR3、SC2、LOL、DOTA、HON 等项目，不断成长、吸纳人才，避免在拓展业务的同时，因单个项目的衰落而受损。不久之后，除 HP 组合外，大多数在 2004 年底离开的 CS 分队成员在 2005 年年中又回到了 SK。在那一年，SK 连续夺得 CPL 夏季和冬季冠军，保持了其世界霸主地位。

2006 年 6 月 29 日，SK 宣布，在 2005 年 ESWC 总决赛中获得女子组冠军的世界第一女子团队 GX3（Girls Got Game）已加入 SK 战队。一个月后，SK 开始与 AOL Germany 合作。随着双方合同的签署，SK 的经济和装备后盾再次变得强大起来。

2007 年，NiP 因财务和内部问题解散后，Walle 和 Tentpole 加入 SK，新 SK 在英特尔 E 大师赛洛杉矶全球挑战赛中获得亚军。随后 SK 先后获得荷兰 KODE5 冠军和 Dream Hack 冬季比赛亚军。

SK 从 2008 年开始投资《魔兽世界》。2008 年底，SK 收购了德国战队 X-Box。

在 2016-17 赛季，SK 队成为第一个赢得两个 ESL 冠军的战队，他们在 2016 年 2-0 和 2017 年 3-0 击败对手，赢得了 Cloud 9 冠军。

2017年，SK队在决赛的九场比赛中赢了八场，唯一的败笔是2-1输给了Virtus.Pro。

2018年6月23日，SK的原队员宣布与SK的合同已到期，不再续约，所有队员都转至Immortals，组成全新的MIBR战队。

2. 电子竞技联盟

2000年，电子体育联盟（ESL）成立，接替了1997年成立的德国公司C，该公司最初是从一个在线游戏联盟和一款游戏杂志起家的，同时还为游戏锦标赛出租服务器。

ESL总部设在德国科隆，最初进入电子竞技赛事组织是通过承办CPL旗下欧洲区的一些比赛。今天，ESL已经发展成为世界上最大的电子竞技赛事组织，吸引了来自20多个ESL国家的选手和战队，并且在俄罗斯、法国、波兰、西班牙、中国和北美建立了分部，ESL与暴雪娱乐、Riot、V社、微软和许多其他游戏公司合作，每年举办数千场活动。任何成为会员的玩家都可以参加所有级别的在线比赛。

ESL著名的比赛有ESL One、IEM（Intel Extreme Masters Cup）、ESL Pro League（ESL Professional League）、EPS（German Electronic Sports League）、CSCL（European CS Champions League）、WC3L（World Warcraft League）等。ESL提供广泛的电子竞技活动，包括几乎所有最流行的电子竞技游戏，如《反恐精英》《Dota 2》《战地4》《光晕》《星际争霸2》《真人快打》《炉石》等等。

（1）ESL大型活动

①英特尔极限大师杯

英特尔极限大师赛（IEM）是一项多运动赛事，汇集了来自世界各地的最佳电子竞技战队和玩家。这是第一个全球电子竞技精英锦标赛，也是全球规模最大的电子竞技精英锦标赛。在每年的下半年，IEM在世界各地选择几个城市举办分支比赛，并在第二年春天举行欧洲决赛和世界决赛。IEM的竞赛包括《反恐精英》《魔兽争霸》《星际争霸2》《Quake》和《英雄联盟》。

2006年，英特尔赞助的欧洲活动看到了在欧洲以外拓展的空间，特别是在北美市场，因此英特尔开始资助全球活动，与ESL合作创建IEM极限大师，并开始实施全球活动。从那时起，这项活动的规模和参与国的数量逐年增加。

2007年，IEM通过在欧洲、美国、瑞典、亚洲、美洲和欧洲举办活动，扩大了其规模和影响力。

2008年，IEM在美洲和亚洲设立分站比赛，参赛玩家来自欧美和亚洲六个国家和地区，真正实现了全球化。

2015年，IEM卡托维兹成为有史以来最受关注的赛事。此次活动有超过10万人参加，并有超过100万观众通过视频媒体观看。

2017年5月24日，《英雄联盟》正式宣布不再参加IEM活动。

②ESL ONE

ESL的旗舰品牌是ESL One，成立于2014年。ESL One这个名字主要用于游戏中的主要比赛，如《CS：Go》《Dota 2》《Battle Field 4》等。

ESL《CS：GO》主办了2014年EMS卡托维兹站、2014科隆ESL One、2015卡托维兹ESL One、2015科隆ESL One、2016科隆ESL One等。截至2018年8月，ESL已经主办了12场V-Club专业赛事中的5场。

③ ESL职业联赛

ESL职业联赛是一个跨洲际的比赛，早期阶段实行在线海选，后期阶段进行线下决赛。2016年，ESL将《CS：GO》职业联赛的奖金增加到150万美元。

目前，ESL拥有9个官方专业联盟。

④ESL国际锦标赛

ESL国际锦标赛是在不同国家举行的区域性ESL专业比赛。它的成立是为了将当地的电子竞技比赛推广到世界各地。

其中，ESL Meisterschaft是始于2002年的德国锦标赛，是最早的区域锦标赛。ESLUK超级联赛是自2010年以来最大的ESL区域锦标赛。

(2) 世界电子竞技协会（WESA）

2016年，ESL宣布正式成立世界电子竞技协会（WESA），这是世界上最大的电子竞技组织，旨在规范全球电子竞技氛围。WESA与传统体育协会相比，是一个开放、包容的组织，它通过引入选手的代表，标准化规则和战队收入共享等元素，进一步使电子竞技专门化，其愿景是建立基于公平、透明和完整的共同价值观的组织，支持和扩大电子竞技的可持续增长。

WESA 为所有通过 WESA 认证的活动创建了一套标准化的规则和政策，第一个通过 WESA 认证的活动是 ESL Professional CS：GO 联赛。它也标准化管理专业人员，建立俱乐部共享系统，如收入，目标是改善当前全球电子竞技相对混乱的生态系统，包括制定一系列针对粉丝、选手和组织的章程等等，使战队和选手可以在透明的伞下，提供稳定的法律咨询和保护，避免其受到经济不确定性因素的影响。

WESA 的创始成员从 2016 年的 8 个增加到 2018 年的 14 个。创始成员有英国 Fnatic，乌克兰 Natus Vincere，法国 Envyus，波兰的 Virtus.Pro，法国的 G2 eSports，欧洲的 Faze，德国的 MouseSports，瑞典的 Ninjas in Pyjamas。

3. 电子竞技奥运会

2016 年 4 月，英国文化部长 Ed Vaizey 在伦敦奥运会节上宣布，在国际奥委会（IOC）的指导下，国际电子游戏委员会（IEGC）正式成立。

IEGC 是由英国政府支持的以促进电子竞技发展为目标的非营利性国际组织。根据奥运会的规则，奥运会每四年举行一次。电子竞技奥运会在每届奥运会的主办国所在的同一个城市举行。大赛将不设奖金池，但将按照奥运会的赛制颁发奖牌，并按照相关规定对兴奋剂和其他药物进行检查。运动员年龄要求在 18 岁以上，男女不限。

第一届电子竞技奥运会分别在巴西、英国、美国和加拿大举行。比赛持续两天，比赛的第一天的项目是鲜为人知的 MOBA 游戏《神之浩劫》，第二天是任天堂著名的格斗游戏《任天堂明星大乱斗》。

虽然电子竞技奥运会与最新的电子竞技活动相比没有任何优势，但它是人类历史上第一次以奥运会的名义举行的游戏类赛事，拥有国际奥委会（IOC）的支持。国际电子竞技委员会表示，预计未来将有更多的国家派出运动员参加比赛，比赛将考虑奥运会的细节和运动员管理，允许成员国在非奥运会期间举办自己的电子竞技比赛。我们相信，电竞奥运会将不断发展，越来越好。

4. 英国的电子竞技教育

在欧洲，许多国家缺乏针对电竞行业及其从业者的相关法律法规，对电竞从业人员的权利和义务也没有明确的界定。然而，在英国，电子竞技的氛围相当浓厚，尤其是在电子竞技教育方面，英国在世界上遥遥领先，许多大学都为电子竞技行业开设了课程，为电子竞技行业培养了许多优秀的电子竞技管理人才。

2017年5月，斯坦福大学成为英国第一个授予电子竞技学士学位的大学，它建立了三年制的电子竞技本科专业学制，主要教授学生如何组织自己的赛事，总体方向是电子竞争业务，其学术范围包括市场营销、游戏设计、互动媒体技术、赛事管理等等。

2018年，约克大学与ESL签订课程合作协议，创建了两门课程：第一个课程是互动媒体项目的一部分，涉及创造互动体验的设计和技术方面，但也添加人文元素，以帮助学生了解电子竞技文化；第二课程属于影视制作，涵盖了电子竞技、讲故事和吸引观众的技术层面，在这方面，ESL可以提供非常多的帮助和指导，学生在课堂上也会制作一些作品，如果他们想在电子竞技行业就业，可以得到一个良好的开端。

英国ESL首席运营官罗布·布莱克（Rob Black）在一份声明中表示："通过与约克大学合作，我们将把现有经验与其他高质量课程结合起来。未来，大学将负责培养人才，为学生提供电子竞技行业的工作环境，并传授他们经验和技能。"

此外，约克大学还资助相关实验室的研究、开发和建设，为参与电子竞技项目的博士生提供帮助和支持。

除了在大学开设电子竞技专业课程外，英国的电子竞技教育也在向小学靠拢。

2017年，英国电子竞技协会（BEA）在伦敦的玛蒂亚谷图书馆举办了一场名为"小学电子竞技教育试点项目"的活动。活动时间6月20日至7月11日，参与者来自西伦敦帕丁顿的8~14岁小学生，合作伙伴是威斯敏斯特城市委员会。在活动中，志愿者可以解释电子竞技的一些基本知识，如什么是电子竞争，如何开展电子竞技项目，《火箭联盟》的基本操作，比如如何与团队沟通。此外，家长和小学生可以一起玩游戏，有了互动的纽带，不仅增进了家庭感情，也让家长了解了电子竞技，让他们知道如何引导孩子进行健康的电子竞技。在比赛结束时，每位学生都将获得由英国电子竞技联合会颁发的证书和服装。

（三）韩国电子竞技赛事的发展

1.《星际争霸》与电子竞技赛事

20世纪90年代，在韩国出现了一种类似网吧的地方——PC Room。如果说PC Room是韩国电子竞技的萌芽场所，那么《星际争霸》便是其种子。PC Room的所有者为他们的游戏举办了公开比赛，这可以说是韩国电子竞技的开端。这些游戏包括《星际争霸》《魔兽争霸2》《彩虹6》和《FIFA》系列。尽管游戏种类繁多，但《星际争霸》是韩国电竞行业不可动摇的王牌，曾被称为韩国的"国技"。

1997年12月，韩国第一个本土电竞赛事KPGL（韩国职业游戏玩家联盟）在一个著名的PC Room中举行。

在20世纪90年代末，为了摆脱经济萧条造成的亚洲金融危机，韩国政府进行了大规模国民经济的产业结构模式改革，并开始关注基于"软"工业的发展，影视、动画和其他产业，减少对传统资源出口产业的依赖。韩国大规模建设全国性的宽带网络，随着网费的普及和网速的提高，韩国网吧行业迅速崛起，这也为韩国电子游戏行业的快速扩张提供了契机。

当暴雪的《星际争霸》于1998年2月发行时，它立刻在韩国青少年中引起了轰动，他们离开了台球桌和游戏厅，来到了网吧。因此，越来越多的韩国人出现在暴雪的官方战网（BN）上。到1998年7月，韩国人占据了BN排名前1000名的大部分位置，《星际争霸》也迅速成为韩国职业游戏联盟的主要游戏。

1998年12月，申周映在暴雪的星际争霸资格赛中获胜。不久之后，申东赫完成了在美国职业联赛（PGL）的注册，使他成为韩国电子竞技历史上第一位职业选手。

但韩国早期的职业运动员不仅没有俱乐部，也没有通过专业协会或电子竞技组织注册。相反，他们以个人身份参加大大小小的当地锦标赛，依靠奖金维持生计。随着《星际争霸》越来越受欢迎，游戏产业的价值也越来越高，职业玩家有了更多的选择，他们可以住在网吧里训练。从那以后，电子竞技在韩国出现了独特的形式，《星际争霸》也越来越受欢迎。

1999年，在互联网还不太发达的时候，《星际争霸》通过电视播出，《星际争霸》锦标赛开启了韩国电竞职业联赛的发展，为韩国明星职业联赛未来的繁荣铺平了道路。电子游戏第一次以"电子竞技"的形式出现在电视屏幕上。

2000年，由于大型赛事的强势，许多中小赛事开始走向消亡，韩国电竞赛事形成了"三面格局"。KIGL、PKO和KGL三大赛事占据了韩国电竞市场的绝大部分，共有40支专业队伍参赛。

2003年先后举办了韩国超级联赛（MSL）个人联赛和SPL战队联赛，在随后的10年时间里，形成了一大战队联赛和两大个人联赛的韩国明星职业联赛（Korean Star Professional league）盛世。

2004年，韩国举办了《星际争霸》职业联赛（StarCraft Professional League）决赛，近10万名观众涌向釜山广安里海滩参加庆祝活动。

2005年，在釜山举行的职业联赛决赛吸引了12万名观众，成为世界电子竞技历史上人数最多的一次。在一年中的任何时候，至少有一个韩国电视频道播放《星际争霸》比赛。

同年，Pro League将2003年3月开始的OGN Professional League和MBC Professional League发展为单一的联赛，成为韩国最大的整个职业游戏团队都能参加的全年综合性团体联赛。

2006年，合并后的职业联赛更名为天空职业联赛（Sky Pro League）。该赛事于2006年4月29日开始，一直持续到2006年7月29日，是韩国电子竞技史上最成功的赛事之一。

2007年，韩国海军宣布组建自己的《星际争霸》团队Aegis。

2008年的《星际争霸》锦标赛停滞不前。受全球金融危机的影响，全球电竞赛事赞助商不断减少，电竞赛事数量也开始减少，韩国联赛也出现了假赛、组队解散等问题。

2010年4月中旬，互联网上出现了一篇据称是一家非法电子竞技赌博网站的经营者所写的文章，文章暗示电子竞技比赛被操纵，并敦促人们不要下注。同年5月6日，首尔中央检察厅宣布了调查结果并进行了逮捕。参与假赛的除了现役选手、退役选手、比赛评论员等电子竞技相关人士，还有复杂的网络人群，规模较大，是韩国首次曝光的电子竞技假赛案。这起假赛案涉及一个地下非法电子竞技赌博组织，涉案金额巨大。这是韩国电竞史上最糟糕的负面事件，也是韩国乃至世界电竞史上不可磨灭的污点。

在这场假赛之后，SPL 有 9 支战队退出比赛并解散。2010-11 赛季，由于一些战队的解散，SPL 首次从 12 支战队减少到 8 支战队。

2011 年底，Riot 公司开发的 MOBA 对战游戏《英雄联盟》登陆韩国，很快获得了玩家的认可和喜爱。在短短两年的时间里，韩国的《英雄联盟》从零发展到主宰世界。至此，《英雄联盟》已经取代《星际争霸》成为韩国电子竞技的骄傲。

而《星际争霸》则随着时间的推移而逐渐衰落，其游戏载体和理念严重老化，新游戏版本较弱，准入门槛过高，假比赛依然常见，玩家转移到其他项目，相关比赛大量解体。

2012 年，在暴雪实施 WCS 封锁规则之前，许多韩国玩家开始关注海外的高奖金比赛，大量《星际争霸 2》的顶级职业选手离开韩国，像 MC、Teaja 等直接加入国外战队。最终，世界各地的韩国玩家抢夺游戏奖品的行为被暴雪用锁区政策制止，但引发了 Life 假赛。

2013 年，职业联赛赛季结束后，另一支参赛球队解散，SPL 陷入危机。最终，KeSPA 宣布与 ESF 合作，ESF 的三支战队——MVP、IM 和 Prime——被转移到 KeSPA 联赛。SPL 仅能凑齐八支战队继续新赛季的比赛。

于是，韩国的《星际争霸》社区变得越来越小，越来越边缘化。

2016 年 10 月 18 日，韩国电子竞技协会 KESPA 宣布，成立并运营了 14 年的韩国职业联赛（SPL）终止。《星际争霸 2》的 SKT、KT、Samsung、MVP 和 CJ 部门正式解散。由于这一事件，许多星际争霸的专业人士在不久后宣布退役。

韩国的《星际争霸》时代就这样结束了。

2. 电子竞技媒体与电视职业联赛

全权负责韩国职业星际比赛策划和运营的是电视台。这些比赛是公平的、合理的和娱乐的，不仅使队员发挥出他们的最好水平，而且比赛也成为电视台最受欢迎的电视节目。因此，赛事本身、电视台和选手的知名度不断扩大，赞助商也看到了巨大的商机，投入了更多的资金。电子竞技的职业化逐渐被越来越多的人认可和接受，形成了一个健康的良性循环。在这一领域，电视台作为赛事的组织者和传播者，扮演着最重要的角色。

Game-Q 是第一个韩国著名游戏电视频道，它已经成功举办了许多

《星际争霸》游戏节目，有着出色的视频处理技术。

尽管 Game-Q 举办了邀请赛、全明星赛和冠军赛，但它仍然无法与 OSL 竞争，因为 OSL 的赛制越来越成熟，赞助商也越来越多。由于玩家的抵制和自身的业务问题，短暂的 Game-Q 最终倒闭了，韩国最大的两个游戏电视频道 Ongamenet 和 MBCGame 开始兴起。

1997 年，韩国动漫频道 Tooniverse 播出了一个与游戏相关的节目 Game Plus，成为有线电视历史上第一个制作和播出游戏节目的电视台。

1999 年 10 月 2 日，由 Tooniverse 组织的第一届 Progamer 韩国公开赛（PKO）在韩国首尔正式开幕（PKO 是《星际争霸》的第一届职业锦标赛，最终成为 OSL 系列赛的第一届），共有 16 位选手参加了比赛，取得了巨大的成功。与此同时，PKO 也逐渐开始了韩国职业联赛的正式运营。

2000 年 2 月，OnMedia 集团的专业游戏频道 OnGameNetwork 成立。Hanaro 宣布赞助星际职业联盟 Hanaro Tongshin Ongamenet Starleague（2nd OSL）开始直播。与此同时，PKO 被赋予了一个新名字：Ongamenet Starleague（OSL）。OSL 是韩国乃至世界电子竞技历史上最早、最成功的电子竞技职业联赛之一。OSL 每年举办三个赛季，通常从 4 月、8 月和 12 月开始，每个赛季持续两到三个月。OSL 从一年一个赛季开始，到 2001 年开始扩大到三赛季。

2000 年 7 月，Ongamenet 的首个星际争霸联盟 Freechal StarLeague 开始直播。24 日，Ongamenet TV（OGN）正式成立为独立、专业的游戏电视台，标志着游戏领域拥有了自己的媒体。OGN 有四个联赛级别，拥有非常完善的联赛系统——OSL（OGN Star League）（顶级星际联赛）、OGN 决斗联赛（第二星际联赛）、OGN 挑战联赛（第三星际联赛）、挑战联赛初赛（第四星际联赛）。

从此开始，OGN 正式设立了"王者之路"特别节目，因为进入这个节目的选手必须是第一次进入 OSL 就赢得冠军的，因此机会只有一次，所以"王者之路"已经成为无数职业选手的梦想。

2001 年 5 月，鲍克瑟在 Hanbitsoft OSL 决赛中赢得了首个 OSL 冠军。同年 6 月举行的可口可乐明星联赛（Coca-Cola OSL）是该比赛历史上第一次在室外体育场举行的比赛。比赛一直持续到 9 月，鲍克瑟连续两次获胜。

2004 年 8 月，OGN 主办的 WEG2004 中韩对抗赛在北京红馆举行。来自全国各地的数千名中国选手前来现场观看这场全国电竞比赛；而OGN在北京向韩国当地观众进行了全程视频直播。

2005年，WEG告别了OGN，OGN将与WEG的合作伙伴关系转移到了其母公司ON Media旗下的Qwiny。此时，WCG与OGN共同打造的WCG2005韩国预选赛，也是OGN首次将非本公司策划的电子竞技赛事列入节目播出名单。

2010年公司业务合并后，OGN正式归属CJ E&M。

2011年12月，《英雄联盟》韩国服务器公测，改变了一直以《星际争霸》为主的OGN项目。

OGN开始组织英雄联盟的专业比赛，称为英雄联盟冠军联赛，每年春、夏、冬都会举行。它是韩国最高水平的职业联赛。

2012年初，《英雄联盟》冠军联赛的"热身联赛"——LOL邀请赛作为季前赛推出。由于LOL公测期刚刚过去，职业战队的数量相对较少，从1月到2月只有5天的比赛。因为LOL邀请赛是邀请赛，因此北美的NA队和中国的WE队接受了邀请，但韩国的MIG队获得了冠军。在这次比赛之后，2012年春季LOL比赛才正式开始。

在运营了14年之后，OSL于2013年停止运营。

2014年，当Riot要求统一的全球赛制时，《英雄联盟》被取消了冬季比赛。

2015年1月，OGN LOL the Champions正式更名为LOL Champions Korea（LCK）。

2016年1月25日，风暴英雄超级联赛正式启动。同年9月18日，OGN宣布推出守望先锋职业联赛（APEX），一个28支战队的联盟将在10月7日开始其第一个赛季。这个联盟使韩国成为世界上第一个拥有常规守望先锋联盟的国家，并得到了暴雪的官方认可。在APEX联赛中，OGN使用了AR技术，这在电子竞技领域尚属首次。

2017年11月9日，OGN发布了预告片，宣布在2018年举办Pubg联赛。

3. 韩国职业电子竞技协会

韩国体育协会（KESPA）于1999年正式成立，并于2000年得到韩国政府的支持。它隶属于韩国旅游文化局。它是韩国奥委会和国际电子体育联合会的成员，由三星、LG、KT 等几家执行委员会成员组成。如今，KeSPA 为《星际争霸2》《英雄联盟》《星际争霸》等 20 多款游戏提供电子竞技行业相关的管理服务。

KeSPA 是韩国唯一一家政府支持的电子竞技协会，作为监管机构，直接监管韩国的电子竞技行业，负责韩国电子竞技的各个方面。KESPA 是俱乐部、选手和活动组织者之间的中间人。除以主人公身份联合广播电视媒体举办联赛外，还组织韩国选手参加国际比赛。KeSPA 不仅管理团队和俱乐部，还管理 OGN、MBC、GOMTV、Pandora TV 等娱乐和游戏电视频道。KeSPA 还定义了韩国电子竞技的选秀模式和联赛体系，帮助政府监控各个方面，同时确保俱乐部和运动员的商业利益。此外，KeSPA 还负责发现和发展新的人才，认证职业运动员。

（1）KeSPA 比赛系统

早在 1999 年，KeSPA 制定了战略框架，将选手的收入控制在合理范围内，以电视作为通信核心竞争力，建立了一个非常残酷的竞争系统，这也是韩国选手高度专业的原因，因为他们只能通过这一种方式来获得更多的回报。

KeSPA 与赛事组织者 OGN 和 MBC 合作，分别于 2000 年和 2003 年主办了韩国两大星际争霸个人联赛 OSL 和 MSL，之后分别成立了 OSL 和 MSL 联赛。参加这两个联赛的职业球员必须先通过测试并在 KeSPA 注册为 Progamer，才能参加资格赛。而 KeSPA 则定期发布职业选手排名，因此在接下来的几年里，KeSPA 的排名一直是职业选手的权威参考。

就 KeSPA 联盟体系而言，以 LCK 联盟为例，每个赛季分为常规赛和季后赛两个阶段。在常规赛中排名前五的球队将进入季后赛，争夺韩国联赛冠军。这种形式可以说是 KeSPA 对电子竞技赛事的贡献。

在电子竞技迅猛发展的时代，KeSPA 系统的存在是韩国电子竞技快速发展的最大保障。KeSPA 的政府背景不仅保证了电子竞技作为新生事物在全社会的认可，也保证了对职业选手的最高水平的监管。这两项适当地促进了电子竞技职业化的整体进程，并保证了内容产出的根本。

（2）KeSPA 的选秀比赛

KeSPA 的选秀比赛最初是 SPL。SPL 联赛的选秀于 2005 年 3 月 24 日开始，每年春季（3月）和秋季（8月）举行两次。参加选秀的运动员必须持有职业执照，他们中的大多数都是从较低级别的勇气联盟（Courage League）晋升来的，偶尔会有战队弃将在此重新进入联盟。勇气联盟的球员们每月进行一次64-128人的分组比赛，每组由数千名运动员组成，只有前八名有资格参加选秀。

SPL停赛后，KeSPA举办新秀选拔大会——英雄联盟选拔大赛，组织专业队教练对有比赛天赋但未加入专业队的业余选手进行考察和面试。

韩国的电竞联赛很正式，职业联赛更专业。所有职业、半职业选手的信息都是在韩国电子竞技官方网站上注册的，这也为韩国的职业俱乐部选拔人才提供了便利。在韩国，要想成为一名职业电竞选手，必须经历"业余—半职业—职业"的过程。

星际争霸联盟作为韩国最重要的电子竞技职业联赛，受到了最高水平的关注，因此星际争霸联盟选秀也是最规范、最严格的。被韩国KeSPA认可为半职业选手已经是相当了不起的成就了，即使将来不能成为一名专业人士，半专业证书在将来选择大学时也是一项重要的资本。与中国运动员或艺术特长生一样，这些半职业运动员在韩国的大学里也会得到优待，优秀的运动员甚至不经过考试就能被录取并获得奖学金。

（3）KeSPA玩家的利益

KeSPA在保护电子竞技玩家利益方面做得很好。

①保证玩家的收入

早在2014年，KeSPA与Riot和OGN就发布了一份关于韩国职业电竞玩家福利的新政策的新闻稿，其中包括职业电竞玩家的最低工资。KeSPA得到政府的支持，有很大的话语权，这使得该协会的活动可以赚钱，然后把钱转给主要的电子竞技俱乐部。有了收入来源，电子竞技俱乐部可以保证队员的收入。

②培养运动员的职业素质

韩国大学开设电子竞技相关专业已有多年，但规模较小，也没有专门的"电子竞技大学"。因此，韩国电竞协会承担着电子竞技教育和宣传的工作。每年举办两次专业素养教育大会，培养电竞玩家的专业素养（包括专业和业余）。所有注册职业选手均须参加大会，并对选手的职业礼仪和规范进行培训。

KeSPA电子竞技职业教育会议在韩国有十多年的历史，扩大了教育对象的范围，专业教育内容主要包括网络犯罪预防和反对不公平竞争、订立海外活动合同的注意事项、如何提高自己的价值以及电子竞技主要新闻话题。

③为退役运动员提供工作选择

KeSPA为顶级电子竞技选手提供优秀的后续教育和职业选择，使他们能够健康地退休。

在韩国，退役运动员有很多工作选择，从表演明星到主播。然而，大多数选手选择为公司或其他行业工作，即使是最优秀的运动员也会过渡到教练。

对于退役后渴望重返校园的选手，KeSPA还为他们提供了一项特殊福利——从2014年开始，他们每年将获得若干大学入学名额。

三、未来电子竞技运动的发展趋势

电子竞技作为"互联网+"竞技体育的新兴产业正在蓬勃发展。2016年，中国电竞产业产值超过200亿元，用户规模达到1.7亿人，引起了国家层面的关注。在这些年的电子竞技发展中，国家出台了哪些政策和计划？电子竞技在中国是如何普及的？

（一）国家政策导向

2003年，国家体育总局正式批准电子竞技作为第99届官方体育赛事。

2008年，国家体育总局将电子竞技列为第78届国家正式体育赛事。

2013年，国家体育总局决定成立17人的电子竞技国家队，参加第四届亚洲室内和武道运动会。

2016年4月，国家发展和改革委员会（NDRC）发布了一项鼓励电竞赛事的新政策。《关于印发促进消费驱动转型升级行动计划的通知》，附件《促进消费驱动转型升级行动计划》第27条明确提到"开展电子竞技游戏娱乐活动"，"加强组织协调、监督管理，在保护知识产权和引导青少年的前提下，以企业为主体，举办全国性或国际性的电子体育游戏娱乐活动"。

2016年10月，国务院总理李克强主持召开国务院常务会议，确定进一步扩大国内消费、促进服务业发展和经济转型升级的政策措施。将继续深化竞争体制改革，进一步降低创业创新的制度成本，并提到要加快发展电子体育等体育健身产业和休闲产业。

2016年，国务院和国家发展和改革委员会、体育总局、文化部、教育部和其他国家核心部门发布的相关政策支持电子竞技产业的发展，这也是电子竞技获得认可和支持的一年，甚至可以载入中国电子竞技的发展史中。值得一提的是，当年的社会主流媒体也积极报道了电竞的相关内容。例如，《人民日报》发表了许多文章赞扬电子竞技。在Wings赢得T6冠军后，央视各频道也对其进行了报道。2016年Wings在中国获得劳伦斯奖提名，这再次证明了电子竞技在中国的主流地位。从目前的情况可以看出，国内电子竞技的发展环境已经发生了很大的变化，电子竞技得到了社会主流的广泛认可和支持，具有追赶和超越传统体育的潜力。

国家政策的指导对体育的发展具有极其重要的作用。我国体育俱乐部规定：对于个人运动，群众基础好，市场化程度高的地区，政府要削弱管理，相关功能要逐渐转移到社会组织，并给予相应的财政支持。从法规上看，电子竞技运动是属于政府大力支持的项目，加强政府的管理，给予优惠的投资环境，提高电子竞技体育规则和标准，提高运动员的系统水平，并建立一个正式的监管机构，将使电竞运动处于标准化的状态，为电竞运动的健康和可持续发展铺平道路。

（二）电子竞技运动在我国的普及

任何体育运动的发展和普及往往都是从青少年阶段开始的，这是青少年性格塑造的关键时期。经常进行体育锻炼有利于青少年刚毅乐观性格的形成，也有利于其体育道德和体育价值观的塑造。电子竞技对青少年的身心健康有着积极的影响。

电子竞技是我国公认的官方竞技体育项目之一。通过参加电子竞技，年轻人可以培养他们的荣誉感和责任感，为国家赢得荣誉。从电竞项目本身的价值来看，它可以锻炼和提高参与者的思维能力、反应能力、心、眼、四肢协调能力和意志力，培养团队精神。电子竞技也具有浓厚的文化色彩和人文精神。对于青少年来说，电子竞技等体育运动，只要把握好尺度和正确引导，这项运动不仅不会影响他们在其他课程上的成绩，还会对他们的德、智、体发展产生积极的影响。

通过电子竞技游戏开发商和游戏运营商的努力和发展,电子竞技在中国的受欢迎程度一直很高,中国正在成为世界上最具潜力的电子竞技市场。由于移动互联网的推广,特别是直播平台的兴起,2016年中国英雄联盟职业联赛(China League of Legends Professional League,LPL)的年度观众达到50亿,电竞正受到前所未有的关注。全球3.35亿电竞用户中,中国占了一半以上。凭借庞大的用户群,中国在全球电子竞技发展中扮演着越来越重要的角色。

在趋势和政策的推动下,电子竞技的社会认同度也有了很大的提高。电子竞技正成为越来越多的人接受的职业选择。

(三)电子竞技运作的商业化

体育商业化是指以竞技体育为主体的各种体育活动,采用商业运作模式,以获取最大的利润,作为推动和发展体育的杠杆。

体育商业化的目标应该以带来的娱乐享受和比赛本身带来的刺激为主要产品,并以成熟的商业模式为主要手段,以平衡各方的利益,实现互利互惠的目的。

与当今世界成熟的足球、篮球等商业化体育相比,电子竞技仍有很大的差距。在当今世界,一个成熟的商业运动具有以下标准:全球关注和受欢迎程度,喜欢该运动的人的影响力,该运动工业规模、经济衍生的价值,这项运动和其他方面的投资比例。从以上分析可以看出,高职业化和高商业化是一个成熟的商业体育赛事的必备因素。要想成为一项高度专业化的运动,它必须有足够大的粉丝基础来提供足够的影响力,以及一个具有高影响力的职业联盟。而一项体育运动要有较高的商业价值,就必须有足够的产业规模,足够的经济衍生价值,足够的资本投资。只有具备了这些专业和商业的因素,它才能成为一项成熟的商业体育。

如果我们回顾一下电子竞技的历史,我们可以发现第一个电子竞技出现在2000年。当时,韩国三星电子赞助了"奥运模式"历史上第一场电竞赛事,即WCGC,让人们真正了解了什么是电竞,什么是电竞专业选手。三星已经将自己的品牌和文化完全渗透到WCG中,所以看过或参加过WCG的人,在看到WCG日志的时候,已经习惯了将三星电子与WCG联系在一起。无论在业界还是公众眼中,此举都被认为是商业上的成功,对电子竞技及其赞助商来说是一个双赢的局面。因此，早在2000年，商业化就成为推动电子竞技发展的必由之路。

艾瑞咨询的数据显示，电竞消费群体的商业价值正在快速增长。从2010年到2015年，中国电子竞技市场的规模从44亿元增长到269亿元，游戏用户数量在同一时期翻了一番，达到1.2亿。英雄联盟（LOL）已经形成了一个完整的赛事体系，在五大直播平台上的转播权年销售价格为5000万元，吸引了数亿中国观众，赞助商赞助超过1000万元。

从2007年到2017年，游戏开发商和游戏运营商对电竞行业的投入逐年增加。目前，作为行业核心的电子竞技系统已经日趋成熟和完善。凭借庞大的用户群，中国正成为世界上最有前途的电子竞技市场。与此同时，电子竞技已经成为一种趋势，政策也给予了大力支持，社会对电子竞技的认同度也在逐步提高。不断的商业化探索为电子竞技的产业化奠定了坚实的基础。因此，中国电子竞技正站在一个非常重要的新起点上，属于电子竞技的黄金时代正在到来。

根据对电竞行业的分析，1998年至2007年，电竞主要以单机平台为主，可以说是青铜器时代；从2008年到2016年，网络游戏的焦点是权力，可以说是白银时代。接下来，中国电子竞技即将开启一个新时代——黄金时代。

（四）移动电子竞技的格局

随着移动互联网时代的到来，私人终端变得越来越智能化和便携化。在这种情况下，电子竞技也呈现出新的特点。

移动电子竞技是指在移动终端（平板电脑、手机、PSP等电子设备）上进行的电子游戏比赛达到"竞技"水平的活动（图1-2-4）。与PC电竞类似，移动电竞是一种以手机、平板电脑、PSP等移动游戏设备为载体的人与人之间的智力竞赛。"移动电子设备"是其主要方式，指以移动设备（和外部设备）所创造的各种软、硬件和环境为核心进行体育活动；之前提到的电子竞技以PC为主，比赛场地多为室内。移动电竞相对灵活，对PSP、手机、PAD等电子设备有特殊要求，与PC电竞有明显区别。

2015年是移动电竞行业爆发之年。除了一大批移动电竞爱好者的出现，移动电竞产业也引起了国家体育总局体育信息中心的关注。

为促进我国移动电竞的规范健康发展，应建立移动电竞的规范体系，扩大移动电竞的覆盖范围，传递移动电竞的正能量。

图 1-2-4　移动电竞比赛

填补我国官方移动电竞的空白。2016 年，国家体育总局体育信息中心举办了第一届全国移动电子竞技运动会，倡导公众参与和绿色健康的理念。

自 2015 年手机电竞概念提出以来，关于手机电竞是否是电竞的争论从未停止过。随着 2016 年的快速增长和 2017 年市场规模的增长，这不再是一个问题。无论是国家政策、各大厂商的支持，还是直播平台的选择，都已作出回答，移动电子竞技确实已经从概念来到我们的身边。

从传统竞技平台的角度来看，电竞比赛的实际内容大多运营复杂，经营者多为男性主导。而移动电竞的兴起放宽了这一限制，扩大了参与电竞的群体基础，让更多以前没有接触过电竞的人参与到电竞中来。

手机电竞的代表作品有《王者荣耀》《穿越火线》等。以《王者荣耀》为例，截至 2017 年 5 月，该游戏拥有 2.01 亿用户，平均日活跃用户（DAU）为 5412.8 万人。开黑的快乐也随着移动终端的普及而传播，不仅在玩过终端电竞的老玩家中，也在从未接触过电竞的人群中。以社交媒体为媒介的移动电竞，不仅使移动电竞用户快速增长，也促进了移动电竞行业市场规模的快速扩大。

2016 年，中国手机游戏市场正处于快速发展阶段，同时，由于人口红利消失和转换成本的增加，行业对厂商的运营能力有了更高要求，这为移动电子竞技的发展提供了机会。移动电竞标志着电竞的第二次产业革命。手机游戏市场爆发，手机电竞受到 IJ 的广泛关注。

随着智能移动互联网终端的普及，手机游戏产业得到了前所未有的爆发，电竞也从 PC 端迁移到了移动端。电竞整体门槛降低，移动电竞全国化趋势凸显。用户更倾向于方便快捷地处理碎片化的时间。随着电竞的出现以及手游与电竞产业的互动，电竞的整体门槛降低，全民参与的积极性不断提高。

随着电竞产业链的不断完善，各个环节的新兴市场逐步走上正轨，各个领域也趋于稳定。产品、赛事、直播、衍生品等相关领域在各自的垂直线上延伸，以电竞为基础的大整合趋势已成为主流。

可以预计，随着 21 世纪互联网的普及和信息技术的发展，电子竞技在未来将成为亲属、朋友或家庭聚会的重要手段，并成为上下一代以及同行之间的沟通桥梁。

（五）数字演绎体育无限精彩

1. AR/VR 电竞

增强现实技术（Augmented Reality，简称 AR）是一种实时计算摄像机图像的位置和角度，并添加相应的图像、视频和 3D 模型的技术。这项技术的目标是将虚拟世界集成到现实世界中，并在屏幕上与之交互。该技术于 1990 年首次提出，随着便携式电子设备 CPU 能力的提高，预计将得到越来越多的应用。

虚拟现实技术是一种可以创建和体验虚拟世界的计算机仿真系统，利用计算机生成一个模拟环境，是一种多源信息融合，互动三维动态可视化仿真系统和实体行为，使用户能够沉浸到环境中（图 1-2-5）。

平板电竞无论是在观看方式还是游戏的具体操作上，都很难让传统的主流观点和舆论将其视为传统意义上的体育竞赛。

然而 AR 和 VR 给电子竞技带来了巨大的变化，给人们带来了足够广阔的想象空间，现实和虚拟的边界几乎完全分裂。据报道，美国国家橄榄球联盟达拉斯牛仔队（Dallas Cowboys）使用虚拟现实技术帮助球员训练，

图 1-2-5 虚拟现实设备

他们的教练表示，虚拟现实技术可以帮助球员避免在现实生活中训练时受伤。

我们再看看电子竞技，当界限被打破，人们对虚拟世界的认知发生改变时，对游戏的认知也会发生巨大变化。因为在这个平台上，电子竞技的界面和操作方式将完全改变。鼠标和键盘被取代，我们将使用我们的手实际操作游戏单位和界面，界面将变得完全真实或与现实相结合。

综上所述，VR 和 AR 技术正在改变着人们对虚拟世界的认知，也将改变着人们对电子游戏的认知。电子游戏将更好地与现实结合，AR 和 VR 将在电子体育中得到更广泛的发展和应用。许多电子竞技赛事将变得与真正的体育赛事没有区别，就像达拉斯牛仔队（Dallas Cowboys）的训练一样。

与传统电竞中玩家只需要坐在 PC 端不同，AR/VR 游戏需要玩家的各种身体动作协调，更具有体育赛事的特点。随着 AR/VR 技术的飞速发展，基于 AR/VR 技术的电子体育产品也开始涌现。与传统电竞项目相比，这些新形式的电竞项目仍处于起步阶段，但其未来的发展潜力和空间无疑是巨大的。

2. 数字体育

数字体育是一个全新的概念，是数字技术与传统体育的结合。它是 IT、通讯、互联网技术、数字游戏、数字媒体与体育锻炼、竞技健身、互动娱乐的完美结合。

对于大多数从事体育工作的人来说，数字体育是一个新的概念。

数字体育涉及跨行业、跨领域，包括信息产业、文化内容产业和体育产业。数字体育与数字体育产业的发展是为了进一步促进体育的发展，满足社会和公众对新兴体育形态的文化消费需求。

几乎所有的传统体育娱乐形式都可以通过"数字体育"再次"解码"和"编码"，比如拳击，两人面对面的格斗，通过数字体育和虚拟体育，也可以在没有身体接触的情况下进行淋漓尽致的表演。

电子竞技是数字体育的重要组成部分，而数字体育又是体育的重要组成部分。数字体育及其产业的发展对于推动新时期我国体育事业的发展，满足社会和公众对体育日益多样化的需求具有重要意义。

数字体育是体育、技术和时代发展的产物。在新的历史时期，体育产业蓬勃发展，信息技术日新月异。两者的结合创造了充满魅力和想象力的数字体育，也为体育开辟了一片崭新的天空。

从2006年开始，以任天堂Wii为代表的互动娱乐产品已经超越了早期专门针对硬核玩家的PSP、Xbox等游戏产品，开发出针对"5—95岁人群"的健身娱乐数字体育产品。2007年，中韩两国一批"原创"数字体育产品开始崭露头角，具有里程碑意义的事件是奥组委授权，由中华全国总工会和其他八个中央单位联合主办，信息产业部批准，中国电子竞技大会独家承办和组织的"我们的奥运"全民数字公益活动。

今天，中国在数字体育产业领域与世界发达国家站在同一起跑线上，一个具有巨大潜力的新兴产业即将出现。

加速数字体育产业的发展具有重要意义，可以为体育发展拓展空间，丰富群众的体育生活，培养体育人才，提高全国人民的身体健康、生活质量和竞技体育水平，并促进经济和社会的协调发展。

第二章　电子竞技运动教学与训练原则

电子竞技需要遵循一定的教学和培训原则。电子竞技的教学原则是客观教学规律的反映，是长期电子竞技教学经验的总结，是电子竞技教学工作必须遵循的要求和规范。因此，应该遵循一定的原则。

第一节　电子竞技运动的教学原则

电子竞技的教学原则具有很强的实践性和坚实的理论基础。因此，学习和理解电子竞技的教学原理，可以使我们按照电子竞技的规律组织教学活动，正确解决电子竞技的教学内容、教学方法、教学组织形式等一系列问题。

一、自觉积极性原则

自觉主动原则是指在教学中充分发挥运动员在学习中的主动性，使其处于积极主动的状态，自觉、积极、主动地进行锻炼。

（一）自觉积极性原则在电子竞技教学中的作用

与其他课程一样，电子竞技教学是教师教与运动员学的双向活动。不同之处是，其他课程的教学主要是通过思维活动掌握教师传授的科学知识和技能，而电竞教学则是通过人机结合掌握知识、技术和技能，增强手的操作和大脑的思维反应。

此外，在电子竞技教学中，运动员大多是年轻的，是手、脑的巅峰期同时也是成长的叛逆期，所以教学组织工作比较困难，没有自觉的主动性是不可能。正如体育研究指出的，"坚持在于运动，运动在于自我意识"。

（二）自觉积极性原则的教学方式

1. 激发运动员求知欲

学习欲望是促进运动员自主学习和探索的欲望。在电子竞技教学中，教师每一步都提出学习的实际情况和要求，以激发运动员的学习欲望，激发他们的学习主动性。教师在教学过程中越能明确具体知识和技能的含义，让运动员知道自己的价值，就越能吸引运动员去学习内容。

2. 引导直接学习动机转向间接

与学习活动直接相关的动机称为直接学习动机和实践学习动机。在电子竞技教学中，要注重教学方法的生动，从而引起运动员的注意，使他们在获得精神满足的同时不断获得知识和技能，从而激发运动员的学习主动性。

但是，直接学习动机是短期的，容易随客观条件的变化而改变。因此，教师在教学过程中应逐步将直接学习动机转变为间接学习动机。如果将直接学习动机定义为短期目标，那么间接学习动机可以定义为长期目标，其吸引力在于学习的社会意义。这种学习动机来源于运动员的理想和长期奋斗的现实。这种学习动机深刻而有意义，可以引导运动员长期的学习倾向。因此，在教学中应反复进行学习目的的教育，揭示电子竞技的社会意义和价值，使运动员明确电子竞技的重要性，制定自己的发展规划。如果在每次教学中都解释锻炼的意义、作用和方法，让运动员知道为什么，这样就可以促进运动员从直接动机向间接动机的转变，从被动的学习和训练向自我意识的转变。

3. 及时反馈训练结果

电子竞技训练的效果是渐进的。在训练之初，运动员往往对自己感觉不那么明显，这可能会影响到训练的情绪。动机与情绪状态密切相关，对训练结果的不满意会导致训练动机不佳。只有让运动员随时知道训练效果，才能进一步调动运动员的训练动机。通过实时效果记录，也可以及时从训练方法中发现不足，修改方案，提高训练的科学性。正确的则给予表扬，错误的则指出纠正。表扬可以激发运动员的自尊心、荣誉感和集体主义意识，激发运动员的自觉积极性。

4. 发展兴趣

当运动员对学习内容感兴趣时，他们就会集中注意力，产生积极的情绪，运动员一旦对学习产生了兴趣，就会充分发挥学习的主动性和积极性。强烈的兴趣往往会成为运动员刻苦训练的强大动力。注意是人的心灵对某一事物的定位和集中，注意的心理过程是对事物的反映。注意可以分为两种：无意的和有意的。无意性是由条件刺激或个人偏好所产生的，属于本能的、无意识的目的。而有意注意通常有强制的含义，由于某种需要采取注意。

在电子竞技教学中，对自己感兴趣的内容，自觉主动地学习，可以取得良好的效果。兴趣是注意力的来源，有规律的注意也能引起对某一主题的兴趣。在教学中，教师必须能够善于使用运动员的直接兴趣，合理组织教学，激发运动员练习一些无兴趣，但有训练价值的内容，灵活安排教学内容，使用合理和有效的，各种形式的教学方法和手段来培养运动员的兴趣，同时，加强思想教育，使其明确学习目标，采取正确的态度。

二、循序渐进原则

（一）教学内容的系统性

教学内容的组织应严格遵循教学大纲体系和教材体系。教学大纲具有一定的灵活性，可以根据实际情况选择部分教材内容，注重连贯、新旧知识衔接、主次区别。区分难与易，做到清晰、层次分明、突出，使整个基础教材和选用教材形成一个完整的体系。

（二）遵循认知规律

人们对客观事物的认识，是一个从简单到复杂、从低到高、从直观到抽象的"顺序"过程，人们不可能一步到位地认识到任何事物的本质。因此，教学必须遵循这一基本过程，从现象到本质，层层递进，系统连贯，这样才能保证运动员掌握知识的系统性和整体性。

运动时间表的周期性变化受人体生理功能的制约，受条件反射、分析和合成的逻辑思维规律的控制。掌握动作技巧，是一个从简单到复杂的循序渐进的过程。

（三）因材施教

不同的运动员有不同的基础和学习能力。教师可以根据运动员的实际情况和需求制定不同的学习计划，并严格执行。

另外，在全面实施纲要的过程中，要把握好重点，把握主要矛盾，突出重点，加快由量到质的渐进过程。通过循序渐进的有计划、有针对性的训练，使运动员循序渐进地掌握知识，养成有计划的学习习惯。

（四）训练负荷要循序渐进

在安排训练负载的时间、频率、强度和总量时，应注意逐步增加。教师应按时间、地点、人等因素，把握负荷的节奏。

三、运动员主体性原则

由于电子竞技课程的实用性和工具性，教练员应贯彻以运动员为主体的原则，正确分析运动员的个体差异，根据运动员的不同情况采取最适合的教学策略。

（一）运动员主体的因素分析

根据马尼兹等人的研究结果，影响运动员利用信息技术自主学习的主要因素和个体学习差异有三个：一是意识和情感；二是学习独立性；三是规划决策与学习强度。在此基础上，运动员在线学习倾向具有4种类型，即变通型、实干型、顺应型和逆反型。

（二）贯彻时应注意的问题

在电子竞技教学过程中，应注意运动员的不同基础水平，尊重运动员的不同兴趣、学习倾向和特点，尊重运动员解决问题的不同方式。为使基础差的运动员快速进步，应给予更多的鼓励和帮助，有针对性地进行辅导或采用异质分组的方式组织教学。

四、操控技能与人文精神共同发展原则

电子竞技是一项新兴的体育运动，我国目前还没有统一的课程规划。电子竞技课程往往被划分为实用技术领域和综合领域，导致许多教练员和教育管理者一般将其视为技能课程，只注重运动员技术能力的培养。电子竞技比赛是通过网络进行的，它提倡奋发图强的电子体育文化，并逐渐成为一个让人们相互理解、相互沟通、相互比较的沟通工具，有着深刻的文化内涵和内容。因此，电子竞技课程的教学必须遵循技能、能力和人文精神共同发展的原则。

（一）目标任务要兼顾技术与人文

电子体育不是传统意义上的娱乐，而是具有现代竞技体育内涵和人文精神的网络游戏。它是电子竞技运动员之间智慧的较量，是运动员之间勇气和心理素质的较量。

电子竞技中使用的软硬件设备知识是课程传播的教学内容，而电子竞技的意义、功能和局限性属于人文领域。应该有意识地指导运动员了解电子竞技体育的社会责任和相关的法律、道德伦理、责任、健康、安全等竞技习惯。

从目前常见的电子竞技来看，《反恐精英》《FIFA Football》《魔兽争霸3：冰封王座》《星际争霸：母胎之战》等都是进口产品，体现了各自国家的文化特色。例如，《星际争霸》就体现了西方权力主义和武器霸权的战争概念。在电子竞技教学中，具有中国文化特色的电子竞技的研究、设计和开发是需要解决的问题。

（二）运动员在电子竞技运动的学习中所涉及的社会人文问题

运动员在学习电子竞技课程的过程中，往往要运用信息技术获取信息、加工信息、存储信息、发布信息、交换信息，也就是说运动员必然要参与到这个虚拟信息社会的活动中去。因此，电子竞技教学至少会面临以下两个问题：

首先，从技术角度来看，电子竞技依赖于网络环境，学校的网络连接，很可能会影响电子竞技体育运动员的学习过程。互联网中的信息是真实与虚假、健康与有害、真理与邪恶、科学与迷信、时尚与传统的结合，这些信息会给青少年造成冲击，冲击的主要方面无疑是人文精神价值、审美意识、社会责任感、判断能力等。这就要求教练员对其进行正确的引导，培养其正确的信息意识、情感和道德修养。例如，要重视培养运动员对网络信息的评价和识别能力。运动员应该学会欣赏美，拒绝丑，知道如何追求健康有用的信息，识别无用和有害的信息，了解时尚和经典传统的关系和区别。这种发展应该根据不同的运动员来进行。

此外，由于电子竞技的身份相对保密，一些运动员可能会在网上玩游戏时进行恶作剧，甚至做出违法行为。电子竞技教练员在教学中不应忽视这种影响，在传授技能和方法的同时，也要始终坚持运动员的道德修养。例如，在教学中，运动员即使在虚拟社会中也应该被训练互相尊重，不应该使用侮辱性的语言。

五、授人以渔原则

"授人以鱼不如授人以渔。"这句话出自《老子》。与其教一个人如何钓鱼，不如教他如何学习知识。授人以渔，是道；授人以鱼，是术。有道无术，尚有术可求，有术无道，止于术。

教学要强调"授之以渔"而不是简单地"授之以鱼"，即让运动员学会如何不断学习新的东西，特别是教运动员如何利用信息技术学习。教学中要注意运动员向电子竞技系统求助的方式，而不是只注意某一款游戏软件的操作细节。例如，《魔兽争霸》的版本已经升级为《冰封王座》（魔兽争霸3：冰封王座）。不同的版本会有不同的策略和技巧，教会运动员如何学习的方式比简单的教他们如何掌握某一版本的使用更有利于他们理解电竞赛事。在教学中，运动员要努力学习，不要害怕犯错误，而是要从错误中学习。

第二节　电子竞技运动的训练原则

电子竞技训练过程的发展和变化是有规律的。电子运动训练规律是训练过程中不可避免的、稳定的关系，是运动训练系统内部组成之间以及它们与外部因素的结构和功能之间的本质关系和发展趋势。培训原则是根据人们对培训规则的理解来制定的。电子竞技运动的训练原则在训练理论中起着特别重要的作用。为了使训练顺利进行，教练员不仅要掌握训练规则，还要掌握在训练活动中应遵循的一系列训练原则。

一、动机激励原则

（一）动机激励原则的理论基础

1. 运动员的成功动机

电子竞技具有对抗性，玩家可以从游戏中获得成就感。由于这项运动尚未普及，所以参与电子竞技的运动员需要付出很大的努力和奉献。只有当成功的强烈动机被激发时，才能吸引更多有才华的年轻人自愿参与到这项事业中来。

2. 培训过程的长期性

运动员需要多年的训练才能成功。多年的训练过程中，运动员将不断被各种内外因素困扰，例如运动员自身发展的停滞，各种社会、心理和生理问题等。这会使运动员丧失信心，降低训练的兴趣。特别是电子竞技体育在我国刚刚实施，还没有得到社会的全部认可，因此，要不断从运动员本身和外部环境鼓励运动员，让他们保持自信，实现自我价值，设定新的目标。

(二）贯彻动机激励原则时应注意的问题

1. 设定正确的目标和价值观

在训练中，要对运动员进行人生观和价值观教育。通过训练目的教育，将训练与国家荣誉、集体荣誉联系起来，激发运动员强烈的实践和自觉需求。

2. 提高运动员对电子竞技的兴趣

教练员应提高自己的教学质量，掌握多种训练方法、手段和技巧，形成高超的训练艺术，并能适应时间、地点和人文条件，灵活运用，更好地激发运动员参加训练和比赛的兴趣。

3. 发挥运动员的主体作用和教练员的主导作用

教练员应加强对学习方法的指导。运动员的训练方法与教练员的指导方法密切相关。正确的指导方法可以提升运动员的学习欲望，促进他们的积极性。在训练中，要引导运动员总结自己的经验，引导运动员把自己的训练过程本身作为理解和思考的对象。

二、有效控制原则

有效控制原则是指在训练过程中，教练员和运动员能够及时从教学训练活动中获取反馈信息，对训练活动进行调整和有效控制，提高训练效率。在培训过程中，准确把握和控制培训过程的各个阶段——培训的内容、测量和实施，并对其进行调整，确保培训目标的实现。

（一）有效控制原则的理论基础

1. 运动员是电子竞技的主要参与者

电子竞技训练的作用首先体现在运动员竞技能力的变化上，其次，体现在运动训练的组织、比赛制度、奖励制度和训练后勤措施以及家庭、社会等其他条件的发展上。因此，只有有效地控制电子竞技日新月异的训练过程，才能达到预定的训练目标。

2. 以"三论"作为理论基础

运用现代控制论、信息论和系统论的基本原理对训练过程进行分析，可以将现代电子竞技的训练过程视为一个控制系统。人们利用在训练过程中收集到的大量信息对电子竞技的训练过程、训练对象、竞技能力的发展等不同系统进行控制。电子竞技训练实践证明，这种控制是可行的和必要的。完整的电子竞技训练控制应具备的基本环节和条件如图2-2-1所示。

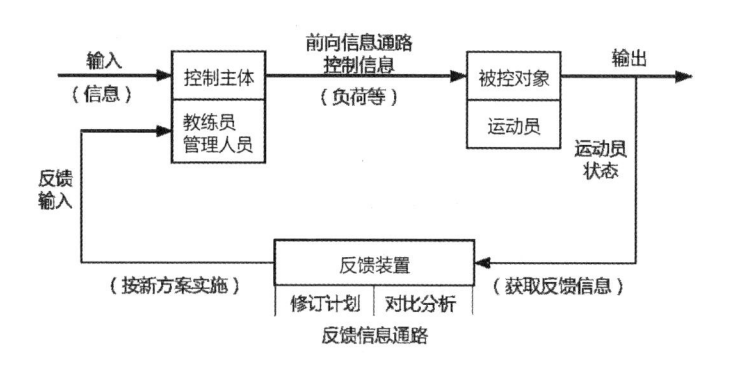

图 2-2-1　电子竞技训练计划实施控制图

3. 训练过程就是信息的传递过程

培训体系中的信息通过各种信息传输通道，在培训过程中相互配合，实现了有效控制，以积极、有意识地调整教学和实践活动，促进培训质量的提高。

（二）贯彻有效控制原则时应注意的问题

1. 善于及时从多个渠道获得反馈信息

教练员可以通过训练日记、教练员日记、运动员训练档案等大量了解运动员的信息，以便及时作出决策。在培训中，要善于及时观察和分析，以便对培训过程中的不同环节给予正确的指导，使培训能够达到理想的效果。

2. 及时评估和调整反馈信息

培训实践证明，虽然制定了非常详细、严格的培训计划，但在具体实施过程中，不可避免地会发生一些局部甚至全球性的变化。教练员在接收到知识信息后及时评价运动员的反应活动，不仅可以加强运动员的训练活动，而且可以帮助教练员适当调整训练过程。

3. 重视培养运动员自我调节能力

教练员应该为运动员提供更多的机会和情境,让运动员通过自己的理解、分析和反思进行自我批评,不断提高思维素质,不断改进训练方法,形成良好的训练动机体系。

三、系统训练原则

系统培训原则是指用整体、系统的观点指导培训活动。首先,系统化原则是指训练任务的系统性。运动员只有经过长时间的持续训练,才能达到更高的竞技水平。二是指培训活动本身的系统性。培训是由一系列培训要素组成的完整体系。

(一) 系统训练原则的理论基础

1. 人类生物学的适应性

训练的目的是逐步提高运动员的运动技能,达到最佳的效果。而一切都有赖于通过系统的训练,使运动员的身体在生理、心理等方面发生一系列的适应性良好的变化。训练对运动员竞技能力的提高必须通过人体的内在适应性转化来实现,这需要较长的时间。

2. 由运动技能引起的不稳定

运动员在竞技对抗中提高的竞技能力表现为技术、战术能力、运动智力和心理能力,这些能力具有不稳定的特征。当训练的系统性和连续性被破坏,出现中断或停顿时,所获得的运动技能就会消失,甚至完全丧失。如果训练中断,中枢神经系统对肢体精细动作的支配能力将受到影响,反应将变慢,最终的动态刻板印象将被破坏。为了避免技能的衰退,必须在重复负荷的基础上产生和保持一定时间的运动技能,使运动技能得到加强和积累,不断改进和完善。

(二) 贯彻系统训练原则时应注意的问题

1. 实现身心发展的统一

良好的体格是运动员全面发展的基础。在训练活动中,一方面组织运动员进行身体锻炼，提高身体素质；另一方面，在电子竞技训练中要注重身心健康，促进运动员的健康发展。

2. 注意各要素的协调训练

电子竞技的训练过程是运动员掌握知识体系、形成技能和、促进身心发展的过程。在培训的过程中，教练必须明确培训任务，了解运动员，熟悉各种训练方法、手段和训练环境，善于处理各种训练元素之间的关系，以便培训元素可以在有机合作的过程中实现具体的培训目标，并实现最好的整体培训效果。

3. 制定全面系统的培训计划

培训计划是组织和实施培训活动的基本设计。一个全面、系统的培训计划是保证培训连续性和达到理想的培训效果不可或缺的因素。教练员应根据运动员的实际情况制定计划，尽量制定合理的每日、每周、每月、每年和多年计划。在实施过程中，要通过运动员的反馈及时纠正。

四、区别对待原则

区别对待原则是指教练员根据不同电竞项目和不同运动员的具体情况，从运动员的实际出发，采取不同的训练方法和手段，组织安排相应的训练流程，选择相应的训练内容。电子竞技体育训练的效果，要通过电子竞技体育运动员运动能力的变化予以表现，每个运动员的心理和生理条件，技术和战术能力以及素质、智力水平是不同的，想要达到理想的训练效果，就必须仔细处理好集群和个体之间的关系，考虑运动员的特点，有针对性地组织电子竞技运动训练过程。

（一）区别对待原则的理论基础

1. 运动员身心发展的差异

由于身体素质、环境、教育的影响，以及主观努力的差异，每个运动员在各个年龄阶段的身心发展水平呈现出其特殊性和差异性。

2. 培训内容和手段的多样性

不同的电子竞技由于其竞争模式、地图、输赢方式的不同，在技术、战术等方面都有不同的要求。在培训内容和手段的选择上，必须注意不同活动的不同需求，有计划地实施。

3. 训练要素的变异性

不同的项目、运动员和他们的特点在不同的状态下是不同的。这些因素的不断运动和变化，要求教练员根据具体训练对象的具体情况，及时组织训练。如反恐精英"上扬阶段"的压枪练习，正确的压枪应该是先把上心下沿的下面一点的位置（也就是准心中央偏上一点）对准敌人的头部，然后逐渐把上心从敌人的头上往下插。至于插到什么程度，每把枪都不同。

（二）贯彻区别对待原则时应注意的问题

1. 综合分析影响训练的因素

由于电子竞技训练过程的多样性和变异性，在实施差异化对待原则时，需要考虑电子竞技的比赛项目、训练对象、训练条件等诸多因素。

2. 处理个体差异

教练员应全面具体地分析运动员的不同特点，区别对待运动员。要从发展的角度看待运动员的个体差异。应该认识到，运动员在发展过程中具有很大的可塑性，个体差异是不稳定的。某一方面的缺点在一定条件下是可以转化的，不能用静止的眼光来看待运动员。

3. 正确处理共性与个性的关系

不同的电子竞技项目有自己的决定因素和不同的发展规律，但它们也通过每个项目的特点反映了所有体育项目的共同规律。一个团队是一个集体，所有的成员都有一些共同之处，但每个人都有自己不同的特点。教练员应正确处理共性与个性之间的关系，科学地组织训练。

第三章　电子竞技选手的技战术训练

当我们观看传统体育赛事时，我们期望运动员在赛场上表现出色，并被这些明星的高超技术所打动，这代表了竞技体育的另一个维度——技术和战术。电子竞技运动员的技战术就像球技的磨砺一样，也需要突出的天赋和刻苦的练习才能得到提高，在练习中运动员的风格也逐渐形成了自己的特色。

值得一提的是，无论是传统体育还是电子体育，在中国仍然缺乏一套完整的训练体系，所以我们很难判断一个孩子是否具有非凡的天赋。由于电子有着天梯系统这一天然的选材渠道，可以直接选择最好的运动员，与此同时，电竞选手的形成过程比传统体育要快很多，所以在人才选择上还不至于饱受争议。

第一节　电子竞技选手的基本技术及训练

电子竞技的基本技术是为了完成电子竞技而采用的方法。电子竞技作为一项新兴的体育运动，其基本技术也有着独特的地位。它的技术表现很大程度上取决于运动器械的性能，以及运动员末梢神经的灵活性。电子运动基本技术训练包括：鼠标点击、键盘基本操作、地图熟悉。

一、影响电子竞技运动基本技术的因素分析

（一）外部因素

1. 竞争规则

竞争规则直接制约着技术的发展方向和速度。任何竞技体育的竞技技

能都只能在竞赛规则所允许的范围内存在和发展。篮球三分球的规范促进了远射技术的发展，乒乓球直径的增加使乒乓球技术更加多样化，排球各球计分制度的规范加强了排球技术的稳定性。电子竞技是一项在统一竞赛规则约束下相对公开、公平、公正的竞赛。规则是强制性的，而且每个规则的目的都非常明确。这些规则的局限性也影响了电子竞技基础技术的发展。

2. 技术环境

技术环境是指运动员（队）周边群体（国家、地区或运动队）的整体技术水平。实践证明，良好的技术环境对运动员学习、掌握和应用运动技能具有重要作用。在很多项目中，优秀的运动员只有在良好的技术环境中才能产生。技术环境在当前体育职业化进程中的作用尤为突出。中国篮球运动员姚明在NBA经过两年的训练和学习，技术水平有了明显的提高。十几岁的日本足球运动员前往巴西学习，培养出了亚洲最好的足球技术。同样，技术环境也是影响电子竞技技术发展的重要因素。

3. 技术发展

体育技术的发展在一定程度上离不开科学技术的发展和进步。甚至有些技术没有技术就不能存在。例如，撑杆跳的"弹射"是建立在FRP杆的制作基础上的。"鲨鱼皮"连体泳衣的出现，极大地促进了游泳技术的发展和运动成绩的提高。乒乓球拍两面性质不同的胶面促使切片和"反向"发球技术的出现。在一定的条件下，运动员所使用的运动器材和训练方法的科技程度是决定运动员运动技能乃至运动成绩的关键因素。科学技术的发展使体育技能向更高水平发展成为可能。

作为一项高科技电子竞技，其体育技术的发展无疑在很大程度上受到了科技发展的影响。在电子竞技比赛中，规则允许玩家自带设备，设备的先进程度和技术含量会极大地影响比赛的结果（如鼠标和键盘的灵敏度）。

（二）内部因素

1. 选手的控制和协调能力

任何体育技术必须采取物理运动的形式表达，运动技术的合理性取决于运动员肌肉群的协调程度，而这种协调程度取决于合理的神经系统对肌肉的精细控制，即协调能力。因此，中枢神经系统的控制表现为肌肉的协调和支配。从神经系统的角度来看，运动技术的完成主要取决于相关神经元的连续脉冲、脉冲的频率和脉冲到达的确切时间。

协调能力是指运动员身体的不同系统、部位和器官相互配合完成技术动作的能力，协调能力是运动技能形成的重要基础。从生理的角度来看，运动技术的形成是条件反射的建立和巩固，协调能力好，就可以合理地使用各种已经掌握的功能储备，使大脑皮层的临时连接迅速建立，加速新技术的掌握。从专项训练的角度看，运动技术的形成使运动员按照动作的空间、时间和节奏的要求进行练习。有了良好的协调能力，就可以在实践中掌握上述时空和节奏的特点，从而快速提高运动技能的学习和训练水平。

2. 参赛者的感官感知能力

运动员在完成各种技术动作时，需要各种感官和知觉的参与。肌肉运动感觉在其中起着重要作用。经过反复练习，运动员的各种感官的灵敏度得到了高度的提高。为了满足特定训练的要求，专门化知觉也得以形成和发展。运动员能够清晰地感知自己的动作，所以他们的动作具有很高的准确性和协调性。从训练实践中可以发现，在很多情况下，运动员的感觉感知能力水平与运动员的技术水平密切相关。

3. 能够操作键盘和鼠标

运动员积累的运动技能越多，他就越能顺利地建立新的条件反应，从而掌握新的技术动作。运动技能的存储量越大，运动员在学习新技术动作时，运动技能之间的正向转移越容易，运动技能的组合越容易。电子竞技的基本技术相对简单。就其结构而言，运动员的键盘操作技术、鼠标操作技术以及键盘与鼠标之间的配合对其技术水平有很大的影响。

4. 球员的个性和心理特征

作为一项以智力为主导的运动项目，运动员的运动水平和技术学习在很大程度上受其智力水平的影响，同时还取决于运动员的注意力、思维、自信和意志等心理素质。特别是电子体育技术的学习比较枯燥。运动员在单纯练习指法或鼠标操作时容易注意力不集中。因此，学习和掌握电子竞技技术有利于培养电子竞技运动员良好人格和心理素质。

二、电子竞技运动基本技术的训练方法

（一）重复训练方法

重复法是指把同一个练习重复多次的方法。通过同一动作或同一组动作的重复，不断加强动作条件反射的过程，有利于运动员掌握和巩固技术动作。通过相对稳定负荷强度的多重刺激，身体能尽快产生较高的适应机制，有利于运动员的发展，提高其敏捷性和协调性。构成重复训练方法的主要因素是单（组）练习次数和练习强度。重复训练法包括短时间重复训练法、中时间重复训练法和长时间重复训练法。

1. **短时间重复训练法**

它一般适用于快速技术的训练。例如，《反恐精英：零点行动》游戏操作键练习，W（前进）MOUSE1（主攻）；S（向后）MOUSE2（次要攻击）；A（向左）R（装弹）；D（向右）数字键/鼠标中轴（切换武器）。再如足球中射门技术动作的练习，接传球的练习，接投的练习，投（踢）的组合技术动作的练习。短时间重复训练法的应用特点是一次练习负荷时间短（约在30秒内），动作速度快，单个动作或组合动作各环节前后稳定。间隔过程多采用肌肉按摩放松方式，以促进身体尽快恢复功能，重复和分组的次数相对较少，可有效提高单项技术动作或组合技术动作的熟练度、规范化和技能化。

2. **中等时间重复训练法**

一般适用于低对抗强度条件下的技术训练。如 FIFA 2004，各种技术动作的反复实践或单一技术的重复练习。中间时间重复训练法也广泛适用于运动员学习、形成和巩固较低强度的运动技术，掌握局部协调的运动战术。中等时间重复训练法的应用特点是一个动作的负荷时间更长。中时间重复训练法可以有效地提高运动项目的技术衔接。

3. **长时间重复**

主要适用于复杂战略条件下的运动技术训练，如阶梯式、足球对抗中各种技战术的系列性练习、连续攻防的对抗练习、组合技术的反复练习

等。该方法也适用于单方技术动作的训练,或难度小、负荷低、技力强的技术动作组合训练。长时间重复法的应用特点是练习时间更长,在各种竞技电竞中,技术动作的训练形式多种多样。同时参与技术战术训练的人数较多,训练时组织难度较大。

(二)直观法

直觉法是指运动员在技战术训练中常用的一种训练方法,它利用运动员的各种感觉器官建立练习的表象,获得感性知识,帮助运动员正确思考和掌握技术。

运用直观法时应注意两点。首先,根据具体情况和可能性,提高多感官综合分析能力。电子竞技运动员综合运用感觉器官的能力越强,就能越快地感知和掌握技战术的运用。各种感觉器官的功能往往是阶段性的,如开始与键盘和屏幕接触时,视觉效果更大;但在提高的过程中,更多的是通过肌肉本体感觉来改进和完善技战术。其次,运用直观的方法,激发电子竞技运动员共同的积极思考。感性认识必须从积极思维过渡到理性认识,才能形成正确的行动观,从而掌握和运用各种策略。

(三)完整法与分解法

1. 完整法

指从一个技术动作的开始到结束,没有任何部分或环节,完整地进行练习的训练方法。完整法的优点是,它是运动员建立完整的技术动作概念的开始,不会影响动作的结构和各部分之间的连接,保持完整的技术动作和每个部分的结构。这种方法主要用于学习简单的技术动作或无法分解的更复杂的技术动作。

完整训练方法可以用于单个动作的训练,也可以用于多动作的训练;可用于个人动作训练,也可用于集体动作训练。对于单个动作的训练,要注意各个动作环节之间的紧密联系,注意逐步提高训练强度,从而提高整个练习的质量。在多动作的训练中,尤其要注意在做好每个单动作的同时,掌握好多个动作之间的串联和衔接。对于个别动作的训练,不同的锻炼目的有不同的要求。为了提高动作质量,可以要求运动员在动作中间停止练习,指出问题,加深印象,重新练习和提高。在集体协调战术训练中，应将最终的战术效果作为训练质量的评价标准，并根据实际需要灵活组织完整的战术训练。

2. 分解法

指将一个完整的技术动作按其基本环节分为几个相对独立的部分，使运动员分别进行练习的训练方法。其优点在于采用分解训练法可以集中精力完成专项训练任务，加强对主要技术动作的训练，从而获得较高的训练效益。当技术动作过程较为复杂时，可进行分解训练，而采用完整的训练方法不易使运动员直接掌握情况，或者技术动作的某些环节需要更详细的专项训练时，常采用分解训练方法。由于分解实践是掌握技能的一部分，它通常被视为完整实践的补充。例如，在反恐精英中，AK 和 M4 是游戏中使用频率最高的两种步枪，精确度高，威力大。为了更好地发挥自己的力量来，可以先练习两连发射，加单点，控制节奏，灵活把握场上形势，然后辅以扫射。连续发射的准心变化可分为精确阶段、上升阶段和稳定阶段。在每一阶段的分解练习后，将准心、轨迹、时间有机结合，完成一个完美的按压动作。

需要注意的是：（1）对于比较复杂的技术动作，可以先采用分解法，然后完成练习。在这种情况下，必须注意不要损害行动的完整性。也就是说，动作阶段的划分应以不影响技术动作的结构特征，不破坏动作各部分的有机联系为原则。（2）对于一些不是很复杂的动作，可以先完成练习再分解练习。（3）一般来说，技术要求水平越高，分解实践所占比例越大。（4）"先分解后完成"或"先完成后分解"并不是固定的学习和培训程序。教练员应根据技术动作的难度、结构（部件的数量）、运动员的年龄和心理特征来决定采用哪种方法。

（四）减难法与加难法

在电子竞技技术训练中，减难法是指难度低于各类电子竞技训练和比赛要求的训练方法。例如使用各种热键。这种方法常用于技术学习的初始阶段。加难法是指技术训练中难度高于竞赛训练要求的训练方法。例如在电子运动训练中，熟练使用各种热键，从而增加了训练难度。这种方法在优秀运动员的训练中经常使用。

第二节　电子竞技选手的基本战术及训练

战术是指运动员在比赛规则允许的范围内，为了击败对手或达到预期的结果而采取的策略和行动。战术包括战术思想、战术指导思想、战术意识、战术知识、战术形式和战术行动。战术指导思想是战术活动的核心。战术的针对性和有效性是否强，取决于战术指导思想的正确与否。从哲学上讲，战术的作用大于各部分的总和。

战术能力是指运动员（队）掌握和运用战术的能力，是运动员（队）整体竞技能力水平的重要组成部分。一个球员的战术能力（团队）是反映在先进战术概念，个人战术意识和身体的协调意识，战术理论知识，掌握战术行动的质量和数量，使用策略的针对性和有效性。不同的竞技体育对运动员（队）战术能力有不同的要求。相对而言，技战术对抗项目、场内对抗项目和净对抗项目对运动员战术能力的要求最高。目前，中国国家体育总局宣布，电子竞技项目主要有四大类：CS、FIFA、星际争霸和魔兽。因此，本节主要结合以上四类项目来探讨电子竞技的战术能力和训练。

一、电子竞技运动基本战术的特点与分类

从电子竞技的概念上可以看出，电子竞技既不同于真正的竞技体育，也不同于网络游戏。它在两者之间。它既具有现实竞技体育与网络游戏的共同特征，又具有新体育自身的特点。电子竞技战术是指运动员在电子竞技中为达到预期目标所采取的一切策略和手段。

（一）电子竞技运动基本战术的特点

电子竞技作为一种基于虚拟空间的新型竞技体育，有其自身的战术特点。首先，电子竞技的策略具有很强的现实依附性。目前，国际公认的官方电子竞技大致可以分为两类：军事模拟类和体育模拟类。无论是军事模拟还是运动模拟，其战术的运用和实施都离不开原项目的战术特点，对原

项目有很强的依赖性。其次，电子竞技的战术比较理想。电子竞技战术的运用存在一定的理想化。与真实项目相比，在战术的操作和应用中，意外情况相对较少。

（二）电子竞技运动基本战术的分类

1. 根据进攻性和防御性进行分类

根据电子竞技的攻防性质，电子竞技的基本战术可分为进攻战术和防守战术。在电子竞技中，进攻战术可以简单地概括为获得阶段性或决定性胜利的灵活多变的策略或方法，具体可分为探索性进攻和决定性进攻。探究式进攻顾名思义，是指通过进攻战术找出对方的真实情况和存在实力，以便及时制定正确的作战战略，为决定性的进攻做好准备。《CS》《星际争霸》和《魔兽争霸》中的探索任务和小规模遭遇战，以及《FIFA》中的早期组队攻击都属于探索攻击。决胜进攻是指发展正确的战术来决定比赛的结果。

防守战术是指在一定时期内，为了保持自己的力量，最终取得决定性胜利而采取的战术。在具体的比赛中，防守战术的运用具有很大的灵活性。不同的项目使用不同的防守战术，即使是同一个项目，在不同的情况下使用的防守战术也大相径庭，要根据具体情况而定。但是它们也有一个共同之处，那就是在使用防守战术时，必须在自己兵力的范围内使用，否则就是战术的失败。更具体地说，FIFA 要求运动员之间保持一定的距离，这样如果他们不能利用进攻战术突破对方的防线，球总是在他们的影响范围内；在 CS 中，要求玩家之间保持一定的距离，同时站好位置，互相掩护，及时防御，确保每个玩家都在自己的射程内；在《星际争霸》和《魔兽争霸》中，团队被要求全部进入基地营地，集中火力，以确保生产设施不受攻击，并将人员人数降至最低。

2. 根据项目需求和战术行动中参与者的数量分类

根据这种分类方法，电子竞技的基本战术可分为个人战术和团队战术。个体战术是指运动员在战术活动中的个体行为。在比赛条件下，每个运动员的个人战术是由多个因素组成的综合体，也就是说，个人战术表现是指个人的意识、知识、技术、身体能力、心理素质和战术行动方式等因素。在电子竞技中，个人战术的运用在赢得比赛中也起着至关重要的作用。特别是在 CS 中，在一对多的情况下，正确使用个人战术会产生意想不到的结果。个人战术固然重要，但每个相对独立的因素或方向都不能独立地控制和支配运动员的战术动作，个人战术是各方面共同作用的结果。

所谓团队战术是指在团队竞争的战术活动过程中，团队所表现出来的组织行为或群体行为。在许多团体赛中，团队战术是比赛成败的关键。团队战术也有自己的特点。

首先，任何队伍或运动队都是由几个人组成的，但是队伍所表现出来的团队战术并不是几个人战术的简单相加，虽然这两种战术有着非常密切的关系。但事实上，团队战术与个人战术至少在一些方面有所不同。首先，团队战术表现出一种组织性。该组织将几个单独的个体行为连接成为一个行动主体。在这里，每个球员的个人战术只是球队战术系统的一个组成部分（或子系统）。因此，团队战术的结果是整体效果的表现，而不是由任何一个球员的战术决定的。但是，正如人体系统中一个子系统（如消化系统）的故障会影响人体系统其他部分的功能一样，单个运动员的战术错误也会影响团队战术。例如，FIFA 游戏，如果一名球员漏掉了对手，人盯人防守可能会导致球队的防守出现漏洞。但是，由于球队战术的组织性，个别球员的缺席所造成的临时空缺，可以由其他球员的协助和补充防守来弥补。

第二，团队战术表现出一致性。这种一致性并不意味着团队战术活动中每个参与者的战术是相同的，而是行为的目标和导致联合行动的动机是一致的。球队的战术目标不是由个人目标决定的。在这个共同的战术活动过程中，个人目标必须服从于团队的共同行为目标。团队战术行动的成功与否很大程度上取决于团队中每个成员是否能够遵从团队的目标，即行为目标是否一致。成功的战术协调往往是参与协调的几个参与者目标一致性的具体表现。

第三，团队战术具有多样性，即在同一时间，一个人只能执行一种行为，而团队可以同时执行多种不同的行为。例如，在《魔兽争霸》和《星际争霸》中，当前面的单位组织协同攻击时，后排和前排的单位组织保护或防御进攻的玩家。同样的道理也适用于 CS 和 FIFA。

第四，球队战术也表现出一种集中性。这种集中战术的主要特点是保持人数优势，以群众战术迅速歼灭敌人。数量优势是战略和战术上最常见的制胜因素。虽然在实际战斗中不可能在所有地方都取得优势，但通过在决策点巧妙地调动队员来创造优势是必要的。所有的行动都必须或多或少地以出其不意为基础，才有可能获得主导地位，扰乱和挫败对手的士气，并最终取得胜利。越是把所有的力量越集中在一个行动、一个时刻，就会越有效。以最大的优势在最适当的时间、地点、方向对敌人发动全方位的突袭、合围、偷袭。

目前在我国的电子竞技中，比较注重个人战术的运用，而不重视团队战术的运用。其实，个人战术运用的好坏，在很大程度上取决于集体战术的配合。重视团队战术，积极发展团队战术已成为我国电子竞技发展的当务之急。

二、影响电子竞技运动员基本战术运用能力的因素分析

（一）内部因素

1. 军事因素

军事科学是研究战争的性质和规律，指导战争的准备和实施的科学。它可以大致分为古代军事科学和现代军事科学。这里所指的军事因素，外延概念相对较小，仅指虚拟电子竞技中一方为赢得竞争而采取的战略战术。虽然从外延上讲，它比人们实际所说的军事科学要小得多，但它们的共同之处在于，都是通过一定的"战争"手段，达到了既定的目的，取得了最终的胜利。学习一些国内外古今军事知识，如中国的《孙子兵法》《武经总要》、国外的《论战争》，对提高电子竞技运动员的竞技能力有很大帮助。

2. 心理学

心理学是指研究人类和动物心理过程和行为的科学。从字面上看，心理学的意思是"对心灵的研究"，专注于个人和群体行为。心理学的其他专门领域包括儿童心理学、教育心理学、运动心理学、社会心理学和比较心理学。心理学家研究范围广泛的课题，包括学习、认知、智力、动机、情感、知觉、个性以及遗传或环境对个体差异的影响程度。人类的任何活

动都会涉及心理问题，电子竞技作为人类社会活动的一部分也不例外。在高强度、激烈的电子竞技比赛中，保持良好的心态，保持稳定的情绪，使技战术正常发挥，是运动员赢得比赛的正常条件。相反，如果不能保持良好的心态，过于紧张，会导致比赛的失败。例如，在2004年，中华全国电子竞技对抗赛魔兽争霸比赛中，中国队的一员，未能发挥他的技能和战术，导致整个游戏失败。

3. 身体健康

在电子竞技中，虽然对身体的要求没有现实生活中那么高，但是电子竞技比赛的高强度是由于相对较短的比赛获胜时间造成的。因此，拥有一定的体能也是电子竞技成功的重要内在原因。

（二）外部因素

1. 机械和设备

包括比赛、广播、裁判和服务器的机器，以及运动员提供的鼠标、键盘和耳机。这里提到的机器设备主要是指运动员自己提供的鼠标、键盘和耳机。这些设备的质量在一定程度上会影响游戏的速度、控制的准确性、游戏状态判断的准确性等，进而影响游戏的最终结果。电子竞技运动员必须配备一整套高科技、熟悉的设备。

2. 现场环境

如今，大多数电子竞技场馆都位于室内。因此，场地环境对电子竞技运动员战术能力的影响主要体现在场地观众对比赛的关注程度上。在这一点上，就像足球比赛一样，观众情绪高涨，大声呼喊，在主场比赛中会给球员很大的精神支持，他们经常会超越自己的水平，并最终获胜。观众的冷漠反应，在一定程度上也会影响运动员的情绪。

3. 竞争规则

中国的电子竞技才刚刚兴起，在很多方面都借鉴了国外电子竞技的规则。然而，适合我国实际情况的竞争规则尚未制定完整。因此，不完善的比赛规则必然会在一定程度上影响运动员的战术能力。

三、电子竞技运动基本战术的训练方法

个人战术的培养应该从动作目的与战术行动的关系出发,即让运动员知道需要什么样的行动才能达到什么目的,什么行动可以达到什么目的。此外,个体战术意识还体现在运动员对行为环境的积极反应中。因此,运动员战术意识的培养还应培养其识别和预测战术态势的能力。总之,个人战术是个体的自觉行为,而个人意识的培养是塑造这种行为的第一步。严格地说,战术意识的发展没有固定的模式,一个人的战术意识是一直在形成的。以下是一些基本的训练方法:

(一)知识培养法

知识作为客观存在和主观存在的产物,影响着人的意识。因此,组织运动员学习战术知识是培养战术意识的必要措施。学习过程中掌握的经验知识和理论知识成为个体理解和评价外部世界,影响个体态度形成的参考标准。个体的战术意识是在模仿、识别、强化的过程中逐渐形成的。从参加2004年全国电子竞技锦标赛的队伍组成来看,既有大学毕业生,也有中学毕业生。总体而言,知识水平有待提高。

(二)问题解答法

意识的形成需要思考。教练员可以通过情境提问的方式让运动员回答解决方案。对于运动员的回答,无论正确与否,都不应该简单地肯定或否定。而是要用归纳法从浅到深进行分析,提出进一步的问题,让运动员思考得更深入,思考得更广。这可以通过理论学习、战术训练、观看游戏实战视频来实现。问题可以有很多种形式,比如"在这种情况下你会怎么做","在那种情况下你会怎么做","为什么在这种情况下你要采取这种行动而不是那种行动"等等。

(三)问题猜想法

猜谜是培养运动员对形势发展趋势的认识与想象力和创造力的一种方式。教练可以通过描述片段(最好有显示)或播放视频,让运动员实战猜

测后面会出现什么样的情况,所有的运动员都应该被鼓励去继续思考,它将帮助运动员根据可能导致的后果进行推断。

(四)引申练习法

所谓的引申练习法就是不断地将问题引向各种变化,要求运动员不断地解决新的问题。显然,这种方法有助于培养运动员的快速决策能力和思维敏捷性。

第四章　电子竞技选手的体能训练

体能似乎是电子竞技的最大问题点，大部分的传统体育对身体都有一定的锻炼作用，电子竞技似乎只是玩游戏，我们玩篮球，足球也可以锻炼身体，玩游戏对我们的身体并没有太大的帮助。但这并不成为电子竞技的负面原因，其实还有一些体育运动不是剧烈的锻炼，比如射击，这些体育运动属于小肌肉对抗项目，要求运动员对肌肉的精确控制，肌肉的耐力、柔韧性、反应和协调性对运动员都有巨大的考验。这是电子竞技和棋牌类竞争的最大区别。当然，有些电子竞技更像是智力竞赛，比如围棋和纸牌游戏。

由于不同形式的对抗，电子竞技的体能和传统体育的体能也不同，但最终都需要玩家有能力维持在高强度对抗的竞技状态，这一点上传统体育和电子竞技是相同的。当一个选手在比赛的时候，他会把所有的精力都投入到游戏中，这也是一个巨大的体力消耗。比赛后，他会觉得很累，而不是像我们通常那样轻松舒适。

诚然，长期沉迷于游戏和缺乏锻炼确实会影响玩家的身体素质，但电子竞技作为一项运动，对玩家的能力要求很高，并不是传统印象中玩家都可以成为专业的电子竞技选手那样。

第一节　电子竞技选手的体能训练

一、电子竞技运动选手体能训练的功能

体能在电子竞技中的重要地位决定了体能训练是电子竞技运动员整体

训练的重要组成部分（图4-1-1）。体育训练的内容、方法和手段的选择应严格根据自身的特点和提高专项运动能力的需要。不符合特殊要求的训练是没有意义的，也不能称之为真正意义上的体育训练。因此，只有将电子竞技体育与体能训练科学紧密地结合起来，才能发挥电子竞技体育体育训练的积极作用。体育训练在电子竞技中的作用概括如下：

图4-1-1 电子竞技中的体能训练

（一）保证选手适应现代运动训练及比赛的要求

随着科学技术的发展，现代科学技术广泛应用在监测运动员的训练过程中，使训练过程迅速改善，在挖掘人类体育的潜力的过程中，取得了突破性进展，大大提高了运动表现，使比赛场上的竞争越来越激烈。如果一个选手想要赢得总冠军，他或她必须执行多年的系统锻炼和强化训练，以便有机体进行长期的生物转化，并掌握合理、经济、适用的技术和战术。

（二）促使选手更好地掌握技战术

竞技比赛的制胜要素是运动员的技能和智力，因此电子竞技专项体能训练最终应服务于电子竞技运动员技战术水平的提高。当今电子竞技技战术的多样化和复杂性对电子竞技运动员的生理机能和竞技素质提出了更高的要求。而这些特殊要求仅靠专项技战术训练是无法达到的，只有通过体训系统才能满足。毫无疑问，良好的身体素质是电子竞技运动员掌握各种技战术的基础。因此，只有系统的体能训练，才能促进电子竞技运动员各组织、器官和系统功能的全面协调发展，为运动员掌握更复杂、更先进、更合理的运动技战术提供可能性。

（三）培养选手良好的心理素质和顽强的意志品质

随着竞争的日益激烈，现代电子竞技比赛对运动员的心理素质提出了更高的要求。实践证明，体能训练非常有利于训练运动员适应比赛的心理要求。诚然，与技战术训练相比，电子竞技体育专项体能训练的过程可能是枯燥、繁琐、非常痛苦的，但反复冲击身体运动极限是克服生理障碍、锤炼运动员顽强拼搏意志品质的一种非常有效的方式。

（四）延长选手的运动寿命

受伤对运动员来说是最可怕的事情，因为他们经常会毁掉运动员的"美好未来"。即使是顶级电子竞技选手也难以摆脱伤病的困扰。这样的"昙花一现"在巅峰时刻对个人玩家和中国电子竞技的负面影响都是致命的。因此，如何预防和减少训练和比赛中损伤的发生，已引起教练员和训练专家的关注。实践证明，对电子竞技运动员进行体能训练不仅能有效提高运动员的运动机能和运动表现，而且有利于运动员延长保持高水平运动能力的时间，减缓运动能力的下降。由此可见，体育训练不仅保证了运动员的系统训练，而且保证了运动员高水平运动能力的持续时间，从而有效地延长了运动员的生命。

二、电子竞技运动选手身体形态与机能的特点

（一）电子竞技运动选手的身体形态特点

在身体形态方面，电子竞技项目的具体要求并不是太高。可以说，不同形式的人都可以参与其中。然而，要成为一名职业选手，具备项目的专项身体形态特点是不容忽视的。

一般来说，电子竞技体育对职业运动员的身体形态有以下要求：

1. 身体相对比较匀称

因为电子竞技玩家长时间以相对固定的坐姿工作，所以需要一个相对健康的身体来满足这一特定特征。想象一下，一个大肚子的人连续几个小

时坐在电脑前，腹部的脂肪向心脏施压，这有多痛苦。

2. 眼睛要有神

眼睛的大小并不是电子竞技玩家的特定外形要求，但眼睛长时间移动的能力是职业电子竞技玩家的基本要求。

3. 手指细长

我们经常注意到钢琴家的手指有一个共同的特点，那就是手指比较细长，这是长期特殊练习的结果。同样，电子竞技需要长时间的鼠标点击和拖动，职业选手的手指也有同样的需求。

（二）电子竞技运动选手的机能特点

在功能方面，电子竞技运动员的神经类型和心理素质对有效参加训练和比赛很重要，因为项目的区别，队员的特征明显，电子竞技体育运动员的神经类型和心理素质特点主要包括以下方面：

1. 神经过程的高兴奋性

运动员的神经过程必须具有较高的兴奋性、良好的反应能力和柔韧性，才能保证在体育比赛中反应迅速、敏捷，具有较强的适应性，以满足快速多变的比赛需求。

2. 神经过程是高度平衡的

运动员在紧张的过程中要保持高度的平衡，保持冷静稳定的情绪，能够在紧张复杂的比赛中保持清醒冷静的心态，做出正确的判断。

3. 精神状态稳定，有弹性

由于比赛持续时间较长，运动员的神经活动和心理状态应保持稳定和有弹性，这样才能在长时间和整个比赛中保持足够的精力和稳定的心理状态。

4. 调理快，分化细

由于技术水平高，技术全面，比赛要求运动员反应快，分化好，以便尽快学习和掌握各种技术。

三、电子竞技运动选手运动素质的特点

体育素质是达到现代高水平的基础。没有高度发达的体育素质，就不可能掌握高超先进的技术，没有高超的技术，就不可能在世界重大比赛中获得一等奖。电子竞技运动员的体育素质表现出以下特点。

（一）反应快、动作快

大多数电子竞技体育运动都需要坐在电脑屏幕前，在虚拟空间中进行比赛，它可以快速、频繁地改变对方战队的进攻战术。这就要求运动员在进攻技术和防守技术上都要有快速的反应速度和操作速度，神经系统和肌肉系统都要跟上比赛发展的要求。因此，可以说速度是电子竞技运动员体育素质的中心环节，特别是反应速度应成为运动员体育素质发展的重点。

（二）上肢动作的高度灵活性

虽然电子竞技游戏主要是关于大脑反应，但技术动作最终依赖于手指点击键盘和拖动鼠标点击。因此，高灵活性的上肢运动（主要是手指端）往往成为获胜的关键，这就需要玩家在日常练习中训练神经中枢支配手指末端长时间运动的能力，并建立一个相对稳定和协调的条件反射。

（三）较好的耐力素质

解剖学上，电子竞技涉及的主要肌肉群有眼肌群、手肌群、颈部肌群和躯干肌群。培养这些相关肌肉群的耐力素质是不可忽视的，尤其是速度耐力。试想一下，以一个相对固定的姿势（坐姿）长时间不停地点击和拖动鼠标移动并不是一件简单容易的工作，如果没有较好的耐力很容易造成紧张。

电子竞技要求运动员长时间盯着电脑屏幕，并根据对手在球场上的战术改变视线。即使我们不考虑电脑本身的辐射，只想到我们在路上看到一辆穿梭而来的汽车的情况，看久了也会"头晕"，而这种"头晕"就是视觉疲劳的表现。最重要的是，与我们自己玩的游戏不同，游戏中几乎没有让玩家做出任何判断错误的空间。要做到这一点，良好的视觉耐力是关

键，因为球员获取球场上主要信息的方式几乎完全是通过视觉。

四、电子竞技运动选手运动素质的训练

针对电子竞技运动员的上述几项运动素质特点，在运动素质专项训练中，应注重反应速度、敏捷性、力量耐力和视觉耐力的训练。需要注意的是，下面提到的训练方法在现代大多数运动训练实践中被广泛使用。在电子竞技运动员的运动素质训练中，可以根据实际情况选择一部分进行练习。

（一）反应速度的训练

反应速度练习包括简单反应速度练习和复杂反应速度练习。简单反应速率是复杂反应速率的基础，复杂反应速率是简单反应速率发展的高级阶段。对于电子竞技来说，复杂反应的速度更为重要。

简单反应速度练习的特点是通过练习缩短感觉（视、听、摸）——运动反应的时间。复杂反应速度训练的特点是缩短感觉（视、听、触）——中心分析和选择判断——运动反应的时间。

1. 练习简单反应速度

在体育运动实践中，简单反应的速度往往是受中枢神经系统的兴奋性，注意力的集中，肌肉组织的准备状态，以及遗传因素的制约。要想在一定程度上提高单纯反应的速度，就必须针对上述原因（遗传因素除外）采取相应的方法和手段。

简单反应速度练习方法一般有以下几种：

（1）完全练习：利用已掌握的单一动作或组合动作的完整动作，尽快对突然出现的信号作出反应，从而提高反应能力。例如，重复蹲距式起跑；根据特定的信号改变运动方向；根据已知对手的动作做出不同的动作；对快速移动的目标等的快速反应。这种完整的信号响应练习在初级阶段特别有效。

（2）分解练习：因为简单动作的反应是通过具体、有目的的动作及其组合来完成的，所以进行分解练习可以充分利用动作速度来传递简单反应速度的效果。

（3）改变练习：通过改变练习的形式，玩家可以在改变的条件下完成练习。改变练习形式主要有两个方面。第一种是改变接收刺激的方式，例如从视觉刺激到听觉和触觉刺激。第二，改变回应方式。采用转化练习，不仅能有效提高人体各受体的功能，缩短简单反应时间，还能提高练习的积极性，避免不必要的兴奋扩散，提高训练效果。

（4）感官训练：感官训练是一种体能训练与心理训练相结合的方法。在人的反应过程中，提高对分钟时间的辨别能力，从而提高反应速度。这种锻炼方式对体育实践具有一定的现实意义。动觉练习一般要经过三个阶段。

第一阶段是接收信号后，以最快的速度响应信号（例如，做一个5米的起跑），然后得到这个反应练习的实际时间。

在第二阶段，参与者估计他们花了多少时间练习自己的反应，然后将其与实际时间进行比较，从而提高他们对时间感知的准确性。

第三阶段是当玩家估计时间与实际时间在大多数情况下吻合时，玩家就能够准确地确定反应时间的变化。在实践中，按照要求的时间来完成一个反应过程，玩家确定时滞能力会更强，能够更自由地掌握反应速度，提高反应速率。

此外，玩家的注意力方向与他们的快速反应能力有关。在练习中，应该要求选手专注于即将进行的动作，因为专注于动作比专注于信号更快。注意力的方向与肌肉紧张有关。通过专注于动作，参与完成动作的肌肉张力会增加，能够加速动作的完成。

2. 练习复合反应速度

体育运动中的复杂反应大多是选择性反应。选择反应通常有两种形式。一是对运动目标的响应，即对运动对象的变化的响应；二是对动作选择的反应，主要是指根据对手动作的变化所做出的相应的动作反应。因此，复杂反应速度练习还包括目标移动练习和动作选择练习。

（1）移动目标练习：首先要注意对运动物体的视觉观察能力。这种能力可以通过在不同的位置、方向和速度的传球来提高。但在实践中要重视注意力的方向和分配。第二，加强"预测"能力。要培养提前"观察"和"注视"移动物体，提前确定移动物体可能的方向和速度的能力。这种能力应该在技战术动作改进的过程中得到提高。第三，自觉引入和增加外部刺激因素。

（2）选择动作练习：根据对手动作的变化做出相应的动作反应，是人体反应与特殊体育密切结合的一种形式。这种练习是高度专业化的，但对特定运动的影响是非常明显的。选择动作练习包括两部分。首先，它需要在特定训练中使选择的情况复杂化。例如，在练习中提供更多的反应性动作。这增加了反应过程中的选择和难度，提高了中枢神经系统的分析和辨别能力，缩短了反应时间。第二，该练习试图训练运动员利用对手可能改变自己动作的"提前信息"。这种提前信息可以通过观察对手的姿势、面部表情、眼神交流、准备来收集。一旦能准确地认识到对手动作可能发生的变化，就能快速准确地选择相应的动作进行回应。

（二）灵敏素质的训练

敏感质量具有明显的工程特性。由于运动技能的不同，对质量和神经反应的要求也不同，对灵敏度的质量要求也不同，从而在不同的项目中体现质量的敏感性各有其特点。

影响灵敏度的因素是多样的，其中主要包括解剖学（尺寸、重量）、物理、心理（情感）、经验（经历）的运动技术技能和其他质量发展水平（如力量、速度、耐力、灵活性质量协调发展）等。

1. 运动神经过程测试练习方法

目的：评价被试者对信号刺激反应的准确性和速度，反映运动员对动作节奏的敏感性、协调性、掌握程度和分化抑制能力。

练习仪器：运动神经过程测试仪。

练习方法：受试者坐在前面的乐器，每个手各拿一个按钮开关，眼睛注视灯光符号，测试者为参与者提供一组符号，每个符号要求测试者根据箭头符号正确反应，如受试者反应错误，仪器发出特殊声音，参与者应立即纠正。改变符号模式，共测试六组，记录每组的时间和错误数，取最快响应组的时间和错误数。

2. "反应速度竞赛"练习方法

目的：通过"反应速度竞赛"练习，提高眼手协调能力。

练习工具："反应速度竞赛"软件。

练习方法：按下"开始"按钮开始，然后等待背景颜色变化，只要变化了，立即点击"结束"按钮，就可以测量自己的反应时间。为了减小误差，可以对几组进行测试，如 6-10 组，记录每组所花费的时间，取平均值作为运动员的反应速度。

3.《连连看》游戏练习法

锻炼目的：通过游戏来锻炼玩家（玩家）的视觉敏度、手指点击鼠标的速度和准确能力。

练习器材：连连看游戏。

练习方法：游戏分为简单、普通、困难三个等级，各 11 个等级，共 33 个等级。游戏规则是选择一对相同的牌连线，但这种连线必须避免其他牌，它的路径不超过两个拐弯，如符合要求，消除这副卡而得分，每个游戏玩家需要时间消失之前清除所有牌，当任务的完成可以进入下一阶段；当出现残局时，游戏将自动重置。

（三）注意力的训练

1. 注意事项训练

苏联心理学家普拉托诺夫说过："成为一个专注的人最好的方法就是做任何事情都不要粗心大意！"但缺乏关注是每个人的共同弱点。要克服这一"病"，需要注意以下几点。

（1）培养注意重点的习惯：无论是听课、阅读还是做作业、做其他事情，都要用大脑通过思考对所学内容进行分析、综合、比较，区分重点和非重点、本质和现象。心理过程不仅将注意力吸引到自身，而且还会产生愉悦的体验，一旦重要信息和一般信息之间的区别加深，这种体验就能更长久地稳定注意力。

（2）集中注意：一些专家认为，集中注意是指将精力集中于一个特定的对象，关注的意义主要是专注于思考，是全面、比较、归纳，抽象概括具体思维、发散思维和创造性思维的聚合。可以说，所有伟大的科学家、艺术家和学者都有一种非凡的能力，可以强烈地集中精神。如果我们想成为天才，我们必须训练我们的注意力，特别是专注思考的能力。

（3）学会不想自己：人们通常有这样的习惯，认为自己是注意力的中心，所以他们自动地把注意力集中在自己身上。例如，当我们穿一件新衣服或戴一顶奇怪的帽子时，我们倾向于认为每个人都在看着我们。当一个学生考试没考好或做错了什么事，他会觉得别人在议论他，看不起他，甚至觉得自己受到了侮辱。事实上，这种人们在看你的想法大部分或全部是我的想象。每个人都有自己的事业，每个人的关注点或注意是不一样的，他们不能有那么多的时间去看别人，就像你经常关注自己一样，也许别人也不注意你呢？如果人们注意到你，没什么好害怕的。一些学者说，"自我意识是一种想象。人们并没有你想象的那么在乎你。他们有自己的事情要做。记住这一点，你在他们面前就不会感到不自在。"

克服这些恐惧的方法是首先是不想自己，停止关注你自己。二是专注于手头的工作。专注于自己正在做的事情的人不会受到其他事情的干扰。有人说："专注于自己并不会提高你的效率或降低你的自我意识。"专注于你的工作才能做到这一点。第三，如果没有任务在你面前，那么你不妨想想别的事，想到老师的思想和讲座。

自信是关键：自信是你集中注意力的关键。冷静下来后，我们应该相信我们可以集中注意力，认真听讲，这样我们就会取得好成绩。所以对自己说，"我能集中注意力，很好地听!"如果你没有信心，你不能集中注意力，那么就会出现真正的注意力不集中，就会出现失败。

（5）疲劳是注意力的大敌：长时间连续的工作和学习，熬夜读书会使人感到疲倦，使大脑神经兴奋程度降低，注意力难以集中。例如，司机长时间驾驶会因为"疲劳驾驶"而发生事故，这是非常危险的，一些人为此付出了痛苦的代价。同样，在电子竞技运动员的训练过程中，一定要注意劳逸结合，保持旺盛的生理状态，才能提高注意力的水平。

（6）心情好能帮助你集中注意力：心情好或想一些愉快的事情能帮助你集中注意力。当我们在国外旅行时，旅程是疲惫和艰难的，但当我们认为它是一个罕见的有意义的活动，我们不会感到痛苦。有人建议把自己和令人愉快或有趣的事情联系起来，正如注意力专家所说，"只要我们把注意力看作一件令人愉快的事情，注意力不是增长得很快吗?"

（7）情绪平静有利于集中精力：心理平静，情绪稳定，帮助个体控制自己的精神状态，使之集中精力，朝向学习目标。所以在你需要集中注意力之前，先安定下来。有人说："只要你能冷静下来，就等于集中了一半的精力。"另一方面，一个焦虑和分心的人很难集中注意力。

（8）安静的环境有利于集中注意力：嘈杂、忙碌的环境容易分散注意力。环境的干扰是难以避免的，要培养自己抵抗干扰的能力。应特别注意抗干扰，包括外部和内部（内部干扰）。这种内心的宁静比环境的宁静更重要，因为环境的干扰只有通过内心的干扰才能起到分散注意力的作用。因此，不加强自己抵抗外界干扰的能力，而怨恨外界干扰，既不公正，也是无用的。一位心理学教授说："对一个分散我们注意力的刺激感到愤怒或担心，比刺激本身更能分散我们的注意力，这是火上浇油。"这里需要的是耐心和毅力。在注意力的训练中，加强自我调节、控制和自我管理的能力是非常重要的。

（9）注意与其他学习方法相结合：注意心理训练的方法和技巧很多，可以与注意自我训练相配合。例如，注意力的心理训练可以与超验冥想训练相结合。一般来说，安静的头脑很容易集中注意力。再比如，注意力训练可以与图像控制结合起来。换句话说，当头脑处于放松、积极的状态时，注意力的转移、分配和稳定也能发挥得更好。另外，掌握一些技能是有益的。注意力训练有方法和技巧，我们要尽力掌握，并进行认真的自我训练。同时，必须认识到注意力训练必须与其他社会实践紧密结合，才能直接有效地提高自身的注意力。

2. 培养注意力的常见方法

（1）深呼吸：坐好，轻轻闭上眼睛，慢慢呼气；尽可能缓慢地呼气，然后缓慢地吸气。重复几次，情绪就会平静下来。这样就能清除大脑中任何与锻炼无关的干扰。一旦排除了干扰，就可以集中精力锻炼了。

（2）坐着不动：安静地坐着，脑子里不要想任何东西，大约半分钟，就会逐渐达到了一种无私、没有欲望、没有自我的精神状态，头脑就会平静下来。"安静而遥远"，此时训练的效果会特别好，思考问题会特别深刻，有人说这也是开发个人潜能的有效措施。

（3）目标转移法：用眼睛仔细观察物体，看其形状、颜色、材质等特征，然后闭上眼睛，回忆观察到的物体，再睁开眼睛观察观察到的物体，检查记忆是否正确。这样会发现任何的想法或干扰都将从头脑中清除，头脑将变得平静。

（4）回忆法：在训练前，提前2分钟坐在座位上，仔细回忆上次训练的主要内容是什么？掌握得怎么样？这样的想法会不自觉地引导个体进入训练过程。在训练其他技战术的过程中，如果心理状态不安静，也可以采用回忆法。

（5）倾听：把注意力集中在一个声音上，而忽略周围的其他声音。声音越弱，越容易集中注意力。通过反复这样做，能够集中注意力。例如，每天练习听时钟的滴答声。第一天10次，第二天15次，第三天20次，逐渐增加，每次训练自己只听时钟的"滴答"声，而忽略周围的声音。半个月后，集中注意力的能力就会有很大的提高，可以排除外界的干扰。集中注意力进行训练，长期训练，养成集中注意力的好习惯，会获益更多。

（6）自我奖励法：在培训的时候，人们会在培训后想到要做什么。例如，"练习后去打球"或"周日去郊游"。想到这些有趣的事情会刺激大脑，分散注意力。如果使用得当，把这些想法作为自我奖励的内容，挑战自己专注于训练，出色地完成任务，达到训练目标，然后计划和享受游戏。通过奖励自己乐趣，鼓励自己完成训练任务，这对注意力训练是有益的。

（7）根特集中训练法：根特先生是德国著名的哲学家。根特在阅读时经常使用一种集中精神的方法。其做法是，当他读一本书，或者冥想时，他盯着窗外远处屋顶上的风标箭头，他无意识地沉浸在深思而忽略叶片的运动。这种方法对他很有用，许多哲学理论都是这样产生的。这种方法似乎没什么奇怪的，作为读者，我们也有这种经历。当我们的眼睛注视着某一点，我们就可以集中在这个视点上思考要解决的问题，或者思考我们读过的内容。似乎无形之中，我们的注意力都集中在一起，这促进了思考的深度。这是有原因的，当一个人的眼睛长时间盯着一个点，视野会变得狭窄，容易引起分心，进入眼睛和意识的范围也将缩小。

第二节　电子竞技选手的操作训练

一、电子竞技运动操作训练设备

(一) 键盘

1. **键盘的历史**

PCXT/AT 时代的键盘以 83 键为主,并且持续了很长一段时间,但是 Windows 近年来的流行使它们过时了。它们被主导市场的 101 键和 104 键键盘所取代。近半年来,104 键键盘的出现是一种新型的多媒体键盘,它在传统键盘的基础上增加了很多常用的快捷键或音量调节装置,使 PC 操作进一步简化,注重键盘的个性化。随着时间的推移,市场上也逐渐出现了独立与多种快捷功能分开销售的产品,并配有专用的驱动和设置软件,在兼容机上也可以实现个性化操作。

2. **键盘的分类**

键盘可以根据不同的标准分为不同的类别。按键工作原理分类,常规键盘有机械式按键和电容式按键两种;按键盘形状分类,键盘形状分为标准键盘和人体工程学键盘;按键的排列和分类,可分为 QWERTY 键盘、Duorak 键盘、MALT 键盘等(图 4-2-1)。

图 4-2-1　键盘

3. 键盘技术

键盘的使用在大多数游戏中都扮演着关键甚至是决定性的角色。例如FIFA可以根据其使用方式分为组合键和功能键的使用和自定义键的使用。在电子竞技中，组合键通常与Shift、Ctrl和Alt等键组合使用。当然，功能键主要用于F1-F12（表4-2-1）。自定义按键指的是游戏中允许设置的一些基本操作。操作者可以根据个人习惯或熟悉的命令来定义按键。例如，一些玩家喜欢用WXAD定义前进、后退和左右方向，而另一些玩家则习惯使用上下左右方向键来控制。

表4-2-1　组合键在《星际争霸》中的应用

组合键	用途
F10 or ALT+M	游戏菜单
ALT+X or CTRL+X	退出游戏
F1 or ALT+H	游戏帮助
ALT+Q or CTRL+Q	退出任务
ALT+S	存储游戏
ALT+L	读取游戏
CTRL+M	关闭音乐
CTRL+S	关闭效果音
ALT+O	游戏设定
CTRL+NUM	设置编组

介绍在星际争霸中使用自定义键：

（1）tvz编队：倒记时结束，进入游戏，先给基地变成4，然后造完房子再造兵营，这时给第一兵营编为5，再复编为7，第二个兵营编为6，探路农民编为3，枪兵被编为1和2，有了医生后，3给医生。0是第一个雷达，9是第二个雷达，f3给分基屏幕。

（2）造兵：造农民是食指4无名指s，4r是食指4食指r，造枪兵是中指5食指m中指6食指m，造喷火兵和医生是食指5拇指f食指6拇指c，5r6r是中指5无名指r食指6无名指r，后来兵多了造兵是按两下7，依次点着兵营坦克厂飞机厂基地造兵。撒雷达，食指0无名指S食指9无名指S。运输机被编为8，这样不管什么时候都不和其他部队编号冲突，方便多面操作。tvz 运输机操作要比 tvp 危险很多。

（3）造建筑：bc 是食指 b 中指 c，bs 是拇指 b 无名指 s，ba 是拇指 b 小指 a，br 是拇指 b 食指 r，be 是拇指 b 中指 e，bg 是无名指 b 食指 g，bt 是拇指 b 食指 t，bu 是拇指 b 食指 u，vf 是拇指 v 食指 f，vs 是拇指 v 无名指 s，va 是拇指 v 无名指 a，vi 是拇指 v 食指 i。

4. 键盘操作技术

键盘是一种非常智能的武器，如果在训练和比赛中不能掌握正确的动作，不仅对它的操作没有帮助，而且还会使选手在错误的操作中形成越来越顽固的习惯。它的错误动作是：前臂和手掌上下颠簸波动太多，一次甚至会出现手臂上下动作的坏习惯。

键盘的正确水平位置应该与显示器的平行线平行。使用键盘时最好带着护腕，手掌要平放在护腕上。左手放松，中指放在 2 号键上，无名指放在 1 号键上，食指放在 3 号键上。当您需要操作其他快捷方式时，可以通过滑动条的方式切换到其他快捷方式（图 4-2-2）。

图 4-2-2 键盘基本操作模式

（二）鼠标

1. 鼠标的历史

鼠标无疑是电子竞技中不可或缺的"工具"。每个玩家必须选择一个方便的鼠标。正如俗话所说，"如果你想做好工作，你必须先使用你的设备"。鼠标的历史可以追溯到20世纪60年代末，斯坦福研究所（Stanford Research Institute）的道格拉斯·恩格尔巴特（Douglas Engelbart）博士发明了一种对后代产生了广泛影响的产品。

1983年，苹果在丽萨模型中引入了鼠标，这也是鼠标的第一个商业应用。然后微软在Windows3.1中引入了对鼠标的支持，到了Windows95，鼠标已经成为个人电脑不可或缺的操作设备。从那以后，鼠标迅速流行起来。

与主流电脑组件相比，鼠标的技术创新是非常保守的，从最初的鼠标，到随后的纯机械鼠标、光电鼠标、光机鼠标，以及现在的光学鼠标，鼠标技术只经历了几次巨大的变化，其中真正成功的只有光机鼠标和光学鼠标，他们也是当前鼠标技术的主流形式。

2. 鼠标操作技术

我们知道原来鼠标只有左、右两个按键，后来又增加了中间滚轮（非底部滚轮，注意概念区别），因为使用方便而深受用户喜爱。除了能够上下滚动之外，十字滚轮技术还增加了一个功能，通过向左右施加压力，使车轮向一侧倾斜，从而使页面快速向左或向右移动。从最初的鼠标、机械鼠标、光电鼠标、光机鼠标到现在的光学鼠标，鼠标技术走过了漫长的历程，终于取得了成果。毫无疑问，光学鼠标是我们正在寻找的终极类型的鼠标，它的许多优点使它成为光机鼠标无可争议的继承者。在过去的几年中，我们看到了光学鼠标的快速发展，随着光学引擎的更换带来了更高的精度，更快的速度和更稳健的性能。然而，水平滚轮技术的出现也使与鼠标相关的其他进步成为可能，它提供了更方便的体验。蓝牙技术的引入让我们可以享受无线操作的自由，皮革材质和丝绸表面处理让鼠标成为艺术品的同时也提供了很好的握感（图4-2-3）。

第四章 电子竞技选手的体能训练

图 4-2-3 鼠标基本操作模式

仅使用鼠标在电子竞技中仍然很少见，并不是所有优秀的玩家都必须同时使用键盘和鼠标，但如果你想要提高获胜和控制游戏的机会，那么两者的结合才是最好的选择。鼠标的单一使用只是使用左键、右键、中键或滚轮，以及相应的点击和双击。当然左键是最常用的，它的功能主要是选择操作对象，点击游戏对象的移动目标。在射击游戏中，瞄准和定位是最常用的（图4-2-4）。

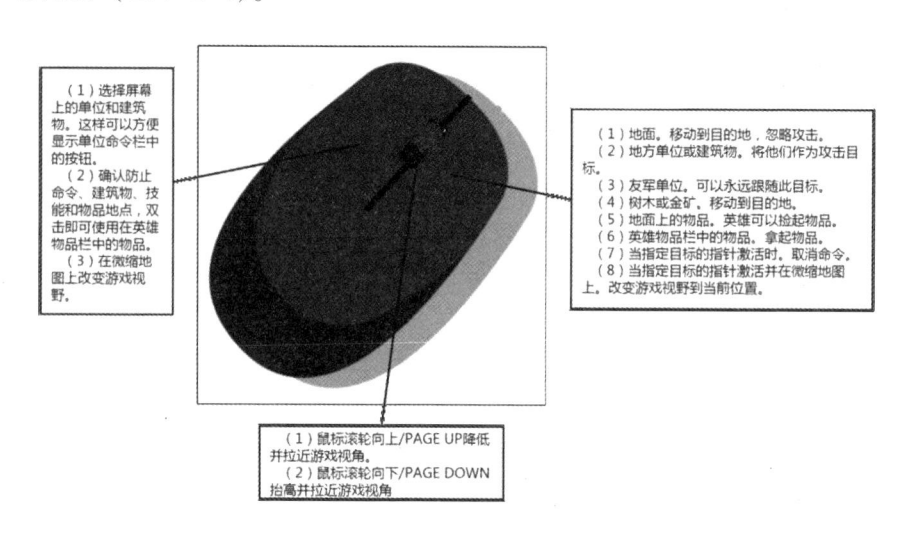

图 4-2-4 《魔兽争霸》的鼠标使用

89

（三）鼠标与键盘的配合操作技术

鼠标与键盘的协同使用多为组合键或功能键与鼠标操作相结合。让我们以《星际争霸》中 Shift 键和鼠标的协作为例，看看鼠标和键盘的协作使用。

当神族或人族的农民建造建筑时，在他开始建造前按住 Shift 键并右键点击矿山，在他建造完建筑后，它会自动返回矿山。双击或圈选择 4 个农民旁边的基地，并右键单击一个地雷，要求他们采矿。

按住 Shift 键，用鼠标点击视图底部图表中的四个农民中的一个，这样在选择的目标中只剩下 3 个农民。释放 Shift 键，用鼠标点击另一个矿，让 3 个农民收集另一个矿。再次按住 Shift 键，同时点击 3 个农民图标中的一个，这样只有 2 个农民仍然是你的目标。松开 shift 键，用鼠标点击另一个矿，两个农民移动到一个新矿上。重复上述操作，按住 Shift 键并点击两个农民图标中的一个，以便只选择最后一个。释放 Shift 键，用鼠标点击一个不同的前面的矿。

二、基本操作训练的要求

（一）掌握相关的理论知识

电子竞技训练的主要目的是在比赛中取得优异的竞技成绩。尽管参与即时战略类电子竞技运动员没有政治、经济和军事领袖，但电子竞技项目的特点需要选手想要赢得比赛，就必须掌握各种相关知识，如计算机基本配置、游戏界面，使用鼠标，键盘等等，这是最基本的操作培训要求，也是制订正确计划、实施正确的技术培训、正确运用技战术的前提。

以《魔兽争霸3》的快捷键为例，游戏基本界面的快捷键如表 4-2-2 所示。

表 4-2-2 《魔兽争霸3》常用快捷键

快捷键	用途
ALT+F or ALT+Q	退出游戏
ALT+O	打开选项菜单
ALT+H	打开帮助菜单
ALT+S	打开存盘菜单
ALT+L	打开读取存档菜单
F6	快速保存游戏
F10	打开/关闭主菜单
CTRL+S	打开/关闭声音
CTRL+M	打开/关闭音乐
Enter	打开默认聊天窗口
Shift+Enter	打开所有聊天窗口
CTRL+Enter	打开盟友聊天窗口
PtintScreen	游戏截图
ESC	返回上个菜单
Insert	将镜头向左旋转
Delete	将镜头向右旋转

用鼠标进行的游戏基本命令包括左键点击-选择一个单位或建筑，按下命令键，指定行动目标；在屏幕上选择单位和建筑；点击小地图，移动屏幕到点击的地方；如果单位是混合的，点击其中一个会激活这组单位使用特殊能力。右击-在目标单位/建筑、地面或小地图上进行"智能"活动。

键盘游戏的基本操作说明如表4-2-3所示。

表 4-2-3 《魔兽争霸3》中基本键盘指令

指令	用途
ESC	取消指令
TAB	切换编队中的不同小组
ALT+G	在小地图发信号
ALT+T	打开/关闭小地图地形显示
ALT+A	打开/关闭简单颜色设置
ALT+F	打开/关闭阵型模式
CTRL	对选定的兵种发出命令
CTRL+#	将选定部队编制为#号部队
Shift+#	将选定部队编入#号部队
F1-F3	选定1-3号英雄
F8	循环选定空闲工人
F9	打开任务记录窗口
F12	打开全部消息记录窗口
Backspace	将屏幕中央移动到城镇附近
Spacebar	将屏幕中央在过去的8个事件点循环移动
ALT+C Or CTRL+C	将屏幕中央移动到选定单位处
Shift+选定单位	从当前选定部队中添加/删除点击的单位
CTRL+选定单位	选中屏幕中所有此种单位

电子竞技运动员的技术训练需要掌握大量的信息和知识。

（二）培养技战术的运用能力

在电子竞技训练中，训练运动员在各种复杂条件下合理运用技术的能力应被放在非常重要的位置。这也是在技术训练中贯彻"实战化"思想的具体要求。

技术应用的基本要求是：一是目的明确、针对性强。任何技术的使用都必须有明确的目的，达到一定的目标。技术行动是合理的和有针对性的，具体的技术可以用来解决具体的问题。其次，效率高。技术应用的目的是为了制胜，因此，应以是否达到制胜的目的为基础，避免华而不实。

例如，在《魔兽》中，当处理4个种族时，通常是在同一个种族中双英雄+小鹿，而在人类中则是双英雄+小鹿+熊。这两个英雄通常是恶魔猎人伊利丹和娜迦海妖。如果没有娜迦海妖，那通常是月之女祭司。对奥克斯来说，不死族通常兽王首发，双营女猎人，压制，然后根据情况转型。第三，高度的灵活性。能够根据场上千变万化的形势，灵活坚持运用有效的技战术，力求主动，避免被动，使战斗态势向有利于团队发展的方向发展。如前所述，如果在没有酒馆的地图上与奥克斯和不死族战斗，就使用伊利丹恶魔猎人或刺客来保持第一个英雄的高等级。

（三）重视操作组合的训练

随着电子竞技项目的竞争日益激烈，运营也在朝着"复合化"的方向发展，单靠一项技术很难取胜。在某种意义上，复合就是组合。如何将多套技术有机地结合起来，有针对性地在比赛中运用，是衡量运动员技术水平的主要标志。

第五章　电子竞技选手的心智训练

首先，这里讨论的不是心理博弈，心理战是战术层面的体现，而心理层面是心理状态调整，竞技体育是非常残酷的，当你站在山顶，你面对的对手很强，你将面临更大的压力，遇到更多的挫折。尤其是在风暴这样的团队活动，如何与队友保持信任，如何保持竞技状态之前和之后的竞争，如何正确处理网络上的舆论，下降后如何调整竞争状态等等，这些都是玩家需要面对的问题。

这些问题看似与电子竞技游戏无关，但对游戏表现的影响可能是最大的，一个好的玩家的心理素质一定要很强才能避免外界的干扰，及时调整心态。当然，随着电子竞技的专业化发展，定期的心理咨询团队参与比赛和训练也是必不可少的。

第一节　电子竞技选手的心理能力及训练

优秀的电子竞技运动员不仅技能高超，而且要有远超常人的心理能力，才可以在激烈的竞争对阵中，在高压下保持一种特殊的体育心理状态，才可以在千变万化的游戏情况下充分发挥自己的技术和战术水平。可以说，一名优秀的电子竞技运动员的心理能力并不亚于其他运动员。

在比赛的过程中，由于电子竞技的特殊性，运动员不仅要在单独面对对方的防守和进攻时直接做出决定，还要考虑到比赛的预期情况，这对他们的智力因素要求更高。冷静的判断和良好的精神状态，在比赛过程中不仅可以保持良好的意识唤醒状态，也可以帮助玩家在比赛中自由使用技能和技术，使运动感觉高度协调，并在游戏过程中了解变化的情况，做出适当的决定（如必要时牺牲"自己"，拯救同伴）。

一、电子竞技运动选手心理能力的特点

（一）电子竞技运动选手的注意品质

专注是玩家最重要的心理素质之一，特别是在电子竞技中。Nideffer根据注意广度和内外指向性两个维度将注意质量分为四种类型，并认为注意质量的焦点随体育项目的特殊要求而变化。例如，足球运动员需要广泛的外部关注，而现在的电子竞技运动员需要狭窄的外部关注。

在比赛过程中，运动员的注意力主要表现为心理定向，即对注意力的控制。注意力的指向性有时非常重要，简单的决策过程要求注意力高度集中于"对手"画面线索的提取，而在实战过程中，由于战术态势的必要性，电竞玩家必须注意整个游戏态势的发展。因此，在注意的范围和选择上，电竞玩家应灵活过渡，区分任务的优先级，将注意力集中在决策过程中的主要线索上，如观察阵容中的薄弱环节。

（二）电子竞技运动选手的动机因素

电子竞技玩家的动机与目标取向密切相关。运动员的内在动机离不开自我效能感（能力感或控制感）的评价，体育竞赛中的目标价值取向问题也是影响运动员动机水平的重要因素之一。由于电子竞技运动的虚拟或虚拟特性，情感体验作为满足或不满足的需要，对动机的刺激和控制也起着非常重要的作用。如果他们发现自己的对手更弱或者自己更能适应竞争模式，就会提高动机。

（三）电子竞技运动选手的自信心

在高水平的比赛过程中，对于实力相当的对手来说，比赛的得失往往取决于心理能力，特别是对体育行为的信心表现。自信是坚强意志的表现。在竞争过程中还可以激发团队成员的士气，最大限度地发挥主动性，运用战术达到成功的目的。

(四) 电子竞技运动选手的心理准备

由于电子竞技运动中机会稍纵即逝，运动员必须准备各种各样的技术和战术应变情况，在比赛过程中，良好的心理准备能力也是行动预测的基础。电子竞技运动员虽然在完成任务的过程中是独立的，但他们的任务受到双方战术对抗的制约，与场上形势的变化有着千差万别的关系。

(五) 电子竞技运动选手的团队意识

采取何种策略不仅是博弈者个人的问题，也是博弈变化的结果和集体战术决策的结果。因此，团队意识是运动员必须具备的心理技能之一，特别是在电子竞技中。

(六) 电子竞技运动选手的意志品质

虽然运动员没有真正体育项目的身体对抗，但由于强烈的智能对抗，导致中枢神经系统消耗大量的能量，电子竞技也是对运动员意志素质要求较高的项目。意志品质的深层结构（意识、独立、果断、坚韧、自我控制）等，显然这种就事论事的划分停留在单一的行为层次上，意志力中所包含的深层元素并没有被深入分析。意志对行动的调节有启动和抑制两个方面。启动和抑制的统一进一步构成了意志的选择性行动。在电子竞技过程中，玩家主要通过主观意识，依靠自己的经验积累来执行对抗任务。意志活动贯穿于认知活动中，反映了玩家的认知水平。在竞争活动中，如有意注意、有目的和有计划的知觉、有意记忆、有意思考等都有意志的参与。在认知活动中会遇到各种各样的困难和障碍；没有意志的参与，认知就会失去方向和力量，难以做出决策。

对于目前的电子竞技来说，无论是职业运动员还是大量的业余运动员，他们的参与动机和兴趣都很强，这必然会使参与者的意志水平在一定程度上得到锻炼。需要指出的是，这样做的影响既有积极的（比赛本身就是对参赛者意志的测试），也有消极的（可能的心理成瘾和对社会行为的消极影响）。因此，从宏观上讲，电子竞技玩家需要更强的意志力来明确和引导合理的行为模式，并能够做好自我控制。

(七)电子竞技运动选手的性格特征

强烈的动机和良好的自我情绪调节能力是电子竞技运动员最基本的人格要求。通过反复的失败和成功来培养一个成熟的角色是电子竞技玩家必不可少的心理技能。个体的意志品质一旦形成,这种意志品质特征就成为个体性格的一部分,现有的性格结构也会影响和制约后来的意志活动。

二、电子竞技运动选手的心理能力训练

(一)快速注意集中法

由于电子竞技运动对中枢神经系统的高需求特点,竞争过程中选手主要表现为持久能力不足,加上需要选手高精度的控制行为和响应灵敏度,注意力分散便会降低成功率,所以在强综合实践中,不仅要加强注意的训练,还要强调坚持,与实际电子竞技接近的注意训练方法是值得推广的。通过让学员快速集中注意力,调整身体的唤醒水平,达到最佳的身心状态。

(二)放松训练法

放松训练的主要目的是降低中枢神经系统的兴奋性,减少因紧张而产生的过度能量消耗,这对于以中枢神经系统为主消耗大量能量的电竞选手来说非常有意义。

1. 自发的训练方法

训练主要通过一系列沉重、温暖、安静等暗示性词语,达到对中枢神经系统的控制,进而调节身体和心理的紧张状态。还可以根据具体情况和需要增加、减少或创建建议。

具体步骤包括:(1)运动感重。从你的手开始,在你的身体中形成一种舒适的沉稳感。(2)热感觉运动。通过想象线索的暗示来增加你身体的热感。(3)心脏练习。学会让自己的心跳平缓平稳。(4)呼吸练习:通过自我意识,呼吸变得深沉而缓慢。(5)胃运动。以自我暗示增强胃部的温热。前额运动。(6)学习如何冷却你的前额。(7)完成上述练习后,还要

进行自我精神唤醒的活化练习，以使自己处于积极的心理状态。

2. 静坐放松法

当训练者专注于身体的某个特定部位时，教练会给他们响亮的赞美诗或特定的声音，达到放松和安静的目的。长期的训练可以提高注意力和调节情绪的能力。瑜伽、禅、气功都是传统的调理身心的方法，每一种都有一套完整的练习程序和步骤。所有这些锻炼都必须长期保持，效果是肯定的。例如，传统的三线放松法就是依次默念某一部位的"松"，然后按固定顺序放松：

第一行：头两侧——颈两侧——肩——上臂——肘——前臂——腕——手——十指；

第二行：脸——脖子——胸部——腹部——大腿——膝盖——腿——脚——脚趾；

第三条线：后脑——后颈——背部——腹部——大腿后部——膝关节窝——小腿——脚底。

当三条线放松后，将注意力转向腹部的"丹田"，保持2-3分钟，然后进入下一个循环。重复这个动作20-30分钟，然后停止。

3. 表象训练法

通过想象各种设计好场景，比如放松场景、动作过程、比赛情景等，进一步加强对身心是放松，同时有目的地调整情绪状态。表象训练一般包括三个步骤：（1）放松练习，进入良好的心理状态；（2）"激活"练习使人处于积极向上的状态；（3）表象最为流畅的比赛过程和场景。

由于可视化练习与转向密切相关，所以有不同的训练方法。对于电子竞技运动员来说，可视化练习可以在比赛中结合多种良好的感觉，找到一种流畅的竞技准备状态，就像射击运动员一样。

4. 暗示训练法

这种训练可以随时进行，其方法主要是通过反复接受自己或他人的有意义的语言，以促进自己的各种积极反应，从而达到调节过度情绪紧张的目的。

暗示训练主要包括六个步骤：（1）语言暗示的作用，语言在竞争过程中对自我意识的影响以及由此对情绪甚至行为的影响都是非常明显的。

(2)寻找比赛中的负面语言暗示。(3)要意识到消极语言的后果。(4)重新建立自己的语言暗示系统,用积极语言取代消极语言。(5)不断开展积极的语言建议,加强和巩固应对各种情况。(6)养成良好的建议习惯。

5. 思维中断法

当电子竞技中出现消极思维且难以改变时,用"停止"指标来停止消极意识流。为了防止这些消极思想的干扰,有利于开始正确的积极思想。这个电子竞技运动员的注意转换是非常有用的,在实战的过程中,由于电子运动"人——人"的本质特征,决定了主体运动不可能没有意外,这往往会导致消极的想法,类似于其他运动如射击,因为小的情绪将会造成很大的误差,甚至输掉比赛。因此,当消极思维发生时,应该立即中断,用一些积极的思维模式代替。

第二节　电子竞技选手的智力能力及训练

一、电子竞技运动选手的智能特点

韦氏词典将智力定义为"学习、理解或应对不熟悉或困难环境的能力。"作为一个心理学术语,它的科学定义还没有定论。有学者关注推理和推理能力,也有学者关注行为功能。一些是智力上的"软件"问题,比如你的学习水平;另一些是"硬件"问题,比如你大脑工作的速度(从广义上说)。

电子竞技源于现实中的各种竞技,在虚拟信息空间条件下,真实的竞技本身并不是体验虚拟电子竞技的重要条件。真正的体验源是在虚拟环境中,运动员用项目自身的时空感获得存在感。例如,时间、空间、运动等决定竞技状态必须考虑的因素,在虚拟信息空间中随运动主体的信息加工条件而发生变化,所以体育主体的意识过程也必须改变。为了进一步参与竞争对手的信息空间和时间概念,其相应的存在感等都会不同于真实竞争过程的反应。

在现实比赛中,运动员借助自身运动系统的生理、心理、技战术储备，通过对内外部环境信息的知觉预测、模式识别、线索分析和直观决策，做出运动决策。运动员竞技水平不仅取决于运动技术能力，如运动技能发挥的力量等技术因素的有效距离、速度和与生物相关的能量机制，也应该意识到内部处理的效率和精度，如模式识别、对于有效线索的提取效率，以及运动决策和其他因素。电子竞技完全忽视了参与者的身体需求，而是使用选定的虚拟角色在竞技情境中竞争。在电子竞技中，基于信息加工的智力理论担负着揭示内部心理加工过程的任务，能够反映内部加工过程的智力水平，多表现在运动员在竞技过程中的反应时间和正确率上。更重要的是，完成电子竞技所需的信息处理任务对玩家多元智能的要求更为突出。

（一）智能结构要求的多元性

从竞赛内容的统一来看，电子竞技可分为休闲竞赛和战斗竞赛。不难看出，竞赛项目均为技术战术要求较高的模拟项目，其运作思维过程的信息处理复杂性丝毫不亚于真实竞赛过程。

在加德纳教授的多元智能理论中，他认为，人类的智能是多样化的，每个人都有以下能力：（1）口头智能——有效使用口头或书面语言的能力。(2) 数理逻辑智能——有效使用数字和推理的能力。(3) 视觉空间智能——真实感受视觉空间，并表现感知。(4) 体动智能——善于运用全身表达思想感情，双手灵巧地生产或转化事物。(5) 音乐旋律智力——发现、辨别、改变和表达音乐的能力。(6) 人际智力——发现和区分他人的情绪、意图、动机和感受的能力。(7) 自我认知智力——有自我意识并相应地采取行动的能力。

电子体育能够真正模拟真实环境中的"声、光、色、动"，在多媒体平台上得到最完美的有机统一。从虚拟现实的角度和从玩家的角度的处理其庞大和丰富的信息量，不仅能逼真地模仿真实的环境，而且能在各种实际情况，不受现实的限制来模拟各种各样的虚拟环境，让玩家充分刺激的同时，极大地扩大了想象的可能性和丰富了信息渠道的多样性。这种对传统活动的突破不仅对人的功能活动提出了建设性的挑战，也突破了传统文化中偏向逻辑语言而忽视了艺术教育和情感教育（人格）的偏见。对于想象力丰富的青少年来说，这种活动是一种新的体验，可以大大提高智力的发展。

（二）自我意识的充分拓展性

不同于漫无边际的网络游戏，电子竞技运动在虚拟世界中有限定的参照界限，即一定规则，这约束了运动主体在竞技过程中角色扮演的存在性是简单而鲜明的，因而在完成竞技过程中体现的是人与人的互动关系，总体来说，基于虚拟现实技术的电子竞技运动具有以下特点：角色扮演的自主性、竞技过程的交互性、虚拟时空的存在性。在虚拟现实技术的帮助下，电子竞技模拟的真实环境越来越逼真。例如，电子飞行运动可以完全模拟飞行时的座椅倾斜和振动，让参与者感受到加速和冲击，刺激他们的平衡感，克服现实环境森林闭塞、偏远、危险、不方便到达、无法到达等限制，或者使操作变得方便。电子竞技是一种真正受欢迎的娱乐形式，与其他娱乐形式相比，它相对健康。

（三）运动信息模式识别的复杂性

在以虚拟空间为媒介的"人机"互动模式背后，电子竞技真正的面孔是完全现实的"人——人"对抗。从人类生态效度的角度来看，电子竞技中的信息处理与模式识别的实际动态过程非常相似。与真实的运动不同，电子竞技更注重训练和提高参与者的思维能力、反应能力、身体协调能力和意志力。在信息输入阶段，电竞主体模式识别的预测成功与否取决于视觉线索的提取和利用。由于电子竞技与真实体育中双目立体视觉存在较大差异，因此存在功能缺陷。视觉通道只包括屏幕上视口区域中观察者相关的位置、方向和视野，在清晰度和灵活性方面无法与真实过程中的视觉通道相比。然而，由于视野的缩小，竞争对手对形势的关注会更加高效，从而使宏观调控产生更加快速高效的优化决策。真实运动中的模式识别并不是基于当前观察现实的最终判断，而是时空感知对运动轨迹的部分线索的预测，是假想未来的格式塔化。虚拟信息空间为移动主体提供了同样的信息判断条件，甚至要求更高。像 FIFA 这样的游戏既需要多点判断，又需要整体预测，可以说这类电子竞技需要前所未有的大脑活动。

多媒体 3D 真人角色扮演游戏，如《反恐精英》是在计算机模拟的环境中完成任务，强调合作与集体战术来取胜。无论是哪种电子竞技，重点主要在于运动员的操作思维所表现出的战术规划能力和决策判断能力，而外部操作过程则体现出高度协调的精细运动技能。在不考虑整体战术需求的情况下，基于模糊信息集的电子竞技识别和反应就像选择按哪个按钮一样简单。对于真正的玩家来说，这种看似简单的决策行为实际上是他们自身运动能力与信息线索的捕捉和处理效果比较的结果，对技术和战术的要求非常高。

（四）脑信息加工效率的迅捷性

在电子竞技的高水平上，有效的专家预测模型总是能够更早地提取关键信息，而不是等待最终的关键信息结果出现。当然，这种提取不仅是一种空间视觉处理，还依赖于复杂的信息表征存储系统以及临场相关与不相关因素的交互作用。信息预测的专家模型依赖于高度专业化的知识结构来准确地完成任务。根据认知理论，电子竞技过程中的变异性在感觉、感知和运动之间的联系中起着非常重要的作用，这正是电子竞技的魅力所在。

（五）直感思维决策的精确性

由于电子竞技游戏的间接性，玩家在虚拟或虚构的竞技情境下的思维方式与其他真实竞技运动的焦点有所不同。在实际的信息处理过程中，电子竞技与真正的体育运动一样，依靠直觉思维来做出决策。系统动力学认为，连续行为的过程是基于感知流与运动状态空间的交互作用，连续时间的变化会使与反应行为相关的"运动主体-环境系统"状态发生变化。视觉加速度模式不仅告诉了运动者有关的适宜的运动模式，而且视觉加工速度因运动中注视与扫射对目标产生的知觉恒常性，也能保证在游戏过程中精确的方位控制。

电子竞技运动的主要特点之一就是在对抗中忽略身体因素的同时，最大限度地考验了主体的中枢神经系统。这种忽略体能而强调技能发挥的认知操作过程从外在看更像智力游戏，除了动员一些精细肌肉群进行相关的操作思维活动，与现实竞争过程仍然有巨大的差异，这给运动员在虚拟环境条件下操作思维能力的充分发挥提供了空间。有时候，电子竞技更像是一款战略游戏，就像《FIFA足球》，玩家可以控制场上所有虚拟角色的移动，以实现预定的战术目标。玩家更像是教练，而不是球员。与真实运动员相比，项目对运动主体的注意质量和感知广度的要求有所提高，运动主体的自主决策能力变得更强了。因此，在受各种因素复杂性制约的动态决策过程中，电子竞技玩家具有较大的即兴发挥自由。

二、电子竞技运动选手的智能训练

（一）多种信息渠道并用，提高选手的感受、判断能力

总的来说，对于如何正确合理地采用个人技术和战术配合，运动员应该具有良好的现场观察和判断能力。在即时战略游戏（CS）的培训中，强调他们根据观察屏幕上位置、距离、方向和特征的攻击而采取有效对策，及时捕捉掩护、策应、交叉换位等待进攻时间。比如在《FIFA》里要求选手快速判断球传球路线，抢占有利位置，提高战术预测和自适应，抑制进攻方前进速度。无论场上双方的战术体系多么不可预测，都要求球员尽快观察和判断，并能在观察和判断中发现问题，提出问题和解决问题。

（二）"粗"与"细"结合，培养选手快速反应能力

由于大多数电子竞技依赖于手指的相应肌肉群，所以选手手指的灵巧和准确是电竞运动的必然要求。优秀的动作和反应能力离不开运动员的注意力和直觉敏感度。根据心理学研究，要培养精细运动技能，就要对身体各环节的大肌肉群进行综合训练，实现真正的协调发展。电子竞技运动要求电子运动员具有特殊的智力技能模式。通过对身体各方面的训练，不仅可以提高运动员的精细感知能力，而且可以增强本体感知能力。从而提高身体的协调性，进一步增强大脑皮层运动中枢控制运动的能力。

（三）借助先进科学手段，提高选手的感知精确性

生物反馈技术在国外的应用非常普及，体育界也开始采用生物反馈技术作为运动员心理训练的有效手段。使用现代设备的生物反馈训练不仅可以调节情绪、消除过度紧张、提高各器官系统功能的函数，而且还有助于提高体育意识，加快体育技能的形成，进一步协调和熟练技术，通过生物反馈技术可以有效提高电子竞技体育运动员视觉、听觉和触觉。

(四) 通过不同手段强化思维能力

思维能力是智力的核心。它的显著特点是灵活性、敏捷性、独创性等。因此，训练要善于拓宽选手的视野，培养他们多方位、单向的思维能力。鼓励大胆联想，自觉帮助玩家对技战术进行全面分析和抽象总结，引导玩家从感性认识向理性认识发展，从而做出质变。这就要求玩家要反复练习和组合，敢于质疑，富有想象力和创造性，找到问题的根本解决之道。训练一般也可以采用"组合练习"，使运动员的思维活动不断地进行。在电子竞技比赛中，双方必须能够迅速、准确、及时、果断地采取行动，调整攻防节奏，使自己的思维活动向纵深发展。电子竞技强调玩家的因果推理和创造力。因此，在体育运动的过程中需要运动员的战略分析和对战术态势的把握。实际的决定是瞬间做出的，决策者（电竞玩家）的主观判断和他们对画面模式的偏好（虚拟"自我"的选择）起着重要的作用。

(五) 加强专项推理能力的训练

游戏中的各种情境都可以帮助玩家从已有的知识中萌发出新的知识。推理的能力是通过运动的运作，而不是完全依赖于概念和表象。活动是一个环连着一个环，不断地进行着。任何错误判断推理将影响技术水平的发挥，这就要求运动员要有深厚的情绪感染力，还要有正确的快速直观的感知能力，通过推理判断采取有效措施和方法，使误差降职最低程度，从而在比赛中掌握主动权，为胜利奠定坚实的基础。通过反复练习，对判断推理能力的提高有明显的效果。

(六) 虚拟与实际相结合，提高选手对抗的竞赛意识

无论是在现实中还是在虚拟电子竞技中，应变能力都是意识与能力的统一与结合。电子竞技运动是一种复杂、快速变化和激烈的竞争。准确的判断推理，采取合理的技术和战术行动，处理各种复杂多变的情况是玩家必须的条件之一，采取适当、合理的对策，扬长避短有效地限制对方，是选手应变能力的表现，因此在训练中要进行增强现实意识和攻防意识的培训。

事物的变化往往不是以人的意志为转移的，这就要求选手具有适应能

力，迅速做出正确的判断，调整各种不利因素，坚持不懈地面对一切变化。

在训练中，首先要增强运动员的竞争意识。在实践中，教练员可以通过发送信号来指定电子竞技运动员，快速回答攻防双方所处的位置，并做出相应的判断模式。在训练中也可以采用模拟练习的方法，加强运动员的反应能力。也要求球员在对抗的情况下，根据角色防守和进攻位置的变化做出合理的应变决定。

第六章 电子竞技团队协作战略训练

即使世界顶级运动员在团队气氛非常糟糕的球队，也并不能保证整个团队表现很好，就像湖人队的2003-2004赛季，奥尼尔和科比之间的矛盾加剧使团队在NBA总决赛的表现不佳，在赛季结束后由于奥尼尔的脚伤，管理层决定留下科比。

个人力量水平很重要，有些运动队有一位明星带领其他队员。这在传统体育和电子竞技中都可能发生。但是团队合作的力量更大。西班牙赢得了第19届世界杯。西班牙队以其强大的控球能力、快速准确的传球技巧和控场能力征服了世界。西班牙人比他们的对手更了解足球运动。无论是在进攻还是防守中，球员都要控球，共同努力不让对手得到球。这种集体的理解能够征服世界。

第一节 电子竞技团队协作的概念与分类

一、团队凝聚力的概念

团队的凝聚力是团队合作的基础。阿尔伯特·卡龙是著名的体育社会心理学家，他将团队凝聚力定义为一个动态的过程，它反映了一个群体为了追求一个共同的目标而团结在一起的倾向。

一旦群体形成，这种向心力就开始起作用，群体就不再以个人的形式与外界互动。但是这种凝聚力不仅仅是运动员之间的凝聚力，一个电子竞技俱乐部的凝聚力，包括教练员、管理人员、后勤人员等，都是基于共同目标而形成的所有合作行为的吸引力。

二、团队凝聚力的分类

要理解凝聚力与体育团队行为之间的关系，首先要理解的是任务凝聚力和社会凝聚力，其次要理解的是直接措施和间接措施的区别。

（一）任务凝聚力和社会凝聚力

任务凝聚力是指一个体育团队的成员为了达到一个具体而明确的目标而共同工作的程度。例如，当"英雄联盟"专业团队为了实现"41"策略，作为一个辅助的位置需要帮助上单选手提前布置眼线，以及时知道敌人是否抓捕我方单人推线的选手，推线选手必须时时小心，还要与其他四个队友保持同步前进或后退。

社会凝聚力是运动队成员之间相互信任和感情的基础。队员们可以从成为运动队的一员中感受到满足和荣誉感。如果社会凝聚力不高，团队成员之间不喜欢、不信任，就会形成小团体，不利于团队的成长。

在我国的许多电竞俱乐部中，存在着高任务凝聚力和低社会凝聚力的结合。这两种凝聚力的种子是相互独立的。一般俱乐部具有高任务凝聚力和低社会凝聚力的组合，通常没有什么不同，只有在最高层次的地方才能看到真正的差异；高任务凝聚力的正相关超过了低社会凝聚力的负相关，这可能是由于中国人传统的内隐思维以及缺乏社会支持共性所致。低社会凝聚力不会导致玩家之间的高水平冲突（改变游戏规则的冲突）。

（二）凝聚力的直接与间接测量

当将凝聚力分为任务凝聚力和社会凝聚力时，研究团队凝聚力的测量就有了方向。直接衡量团队凝聚力的方法是让球员表示他们有多喜欢为团队效力，以及他们对团队整体功能的感觉。间接测量通过询问每个团队成员对其他团队成员的想法或感受来评估团队凝聚力。团队凝聚力的间接衡量方法不再被使用。

第二节　电子竞技团队协作的影响

一、团队凝聚力的模型

Widmayer、Broley 和 Cullen 在区分任务和社会凝聚力的基础上，提出了团队凝聚力的概念模型，如图 6-2-1 所示。这个模型可以帮助我们理解社会凝聚力和任务凝聚力与团队和个人之间的关系。

	运动员对战队的认识	
团队定向	团队的整合	个体的吸引力
社交	将运动队团结成一个整体，以满足社交需求 (GI-S)	吸引运动队和运动队员以满足社交的需要 (ATG-S)
任务	将运动队团结成一个整体，以满足完成任务的需要 (GI-T)	吸引运动队和运动队员以满足任务的需要 (ATG-T)

图 6-2-1　运动队凝聚力概念模型

二、团队凝聚力的影响因素

（一）环境因素

环境因素是最常见和最基本的因素，主要包括运动员与团队和地方签订的合同、团队与运动员的地域性、社会对团队的支持程度。

1. 契约责任

契约责任是指人们在交往活动中通过一定的承诺，明确地确定双方的权利和义务，从而为双方获得最大的约束利益。契约责任包含了自由、平等、权利等一系列规则，最大程度地体现了运动员的自由意志和利益需求，符合运动员的精神追求。因此，这些原则必须内化到运动员的契约精神中，成为团队成员的行为模式和价值取向。运动员的价值取向与团队的目标是一致的，因此合同责任的引入也能促进团队凝聚力的培养。

2. 地理环境

地理环境是指人类赖以生存和发展的各种地理条件的总和。这里提到的地理环境主要是指地域，也就是说团队在地理文化背景、地理物质背景等方面是一致的。在这些方面保持一致的选手和教练对团队的成功更感兴趣，他们之间会有更多的沟通，团队的凝聚力会提高。

3. 社会支持系统

社会支持系统是指以良好的人际关系形式存在的社会联系。对于运动员来说，社会支持系统包括家庭成员、教练、朋友、队友、粉丝等。研究表明，在影响运动员心理健康和主观幸福感的因素中，社会支持系统是最重要的因素，如自尊、人格和社会支持系统。

（二）个人因素

1. 满意度

满意度是指运动员对训练、比赛和生活的整体感受和看法，呈现出情绪色彩。运动心理学研究表明，运动员的满意度是影响运动员在训练和比赛中的积极性和流动性的重要因素。

2. 个性特征

所谓人格特征就是那些在社会实践中形成的，相对稳定，具有一定倾向性的心理特征的总和，这些特征构成了一个人不同于他人的精神面貌。运动员具有相似的人格特征，这使得团队更容易在行为和意志上统一起来，建立共同的观念和需求。总之，一个团队的同质性越强，就越容易形成凝聚力。

3. 个体竞技能力

竞技能力是运动员参加训练和比赛所必须具备的能力。它是运动员体能、技能、智力和心理能力的综合。运动员或运动项目只有在个人运动能力和整体运动能力都达到较高水平的情况下才能取得优异的成绩。

（三）团队因素

1. 团队目标

团队目标是指一个团队试图在特定的时间内达到特定的行为标准。团队目标是整个运动队凝聚在一起的重要基础。只有团队成员认同目标，才能形成强大的战斗力，才能鼓励团队成员团结奋进。

2. 团队规模

这里的团队规模主要是指团队成员的数量。在大型团队中，由于运动员所设定的目标不同，整个运动队的活动难以协调，相互之间的沟通也不多，因此运动队的凝聚力不高。

3. 团队规范

运动队的规范是一种文化，在这种文化中，运动队为了实现自己的目标，对所有运动员和教练的行为施加一定的限制。它具有共性和强烈的行为规范要求，其规范是一种来自运动员和教练员外部的强制性约束，规范着每一个人。

4. 团队思想文化教育

理论是行动的先导，运动员的思想教育的首要任务是帮助运动员建立正确的世界观、人生观和价值观，当前是为运动员进行优秀传统文化教育和爱国主义、集体主义教育，不断提高运动员的文化素质和政治素质理论，使意识形态和道德，政治思想和行为规范不断内化为运动员的价值观，使之成为运动员的自觉行动。

5. 团队的经验

如果一个体育团队经常有成功的表现，团队总是能够根据团队目标的方向良好运行，它就会增进团队成员的信心，很容易构建团队合作精神，吸引和团结团队成员。在这样的团队中，提高凝聚力的目的是为了实现共同的目标和利益，并将个人的利益与团队的目标直接联系起来。在实践中，我们经常发现这样的团队，即使他们遭受挫折，外部压力或失败，也不失去信心或屈服。相反，他们会团结起来，决心在下次比赛中表现出色。

(四) 领导因素

1. 教练的决策风格

教练员领导行为的一个重要表现是决策。教练必须不断地处理信息，权衡利弊，然后做出决定。在运动训练和比赛中，教练员决策风格对运动员有很大的影响。

2. 教练的激励

教练员正确运用激励机制，有助于团队目标和决策的实现。因此，教练员应不断提高运动员的激励状态。也就是说，在体育运动中，教练（或领队）应该激励运动员。因为基于价值的动机激励着运动员做出一定的努力，取得一定的成绩。成就会带来奖励，奖励会带来一定程度的满足感，并以循环的方式影响他们余生的动机。

3. 教练员和运动员之间的相互容忍

教练员和运动员的可教性是指教练员和运动员之间的关系主要表现为良好的沟通和教练员对运动员的奖励行为。双方的共同容忍是决定团队成功和运动员满意度的重要因素。

4. 教练与其他人员的关系

在一个运动队中，教练员与领队、教练员与教练员、教练员与其他工作人员的关系对整个运动队的发展起着非常重要的作用。教练员是运动队的领导核心，是运动队人际关系的纽带。因此，教练员要正确处理好这些关系和矛盾，这有利于提高球队的凝聚力，使之成为一支战斗力强的球队。

三、团队凝聚力的作用

高水平的团队凝聚力会产生很多好的效果，比如以下几个方面。

（一）提高运动水平

研究表明，高水平的团队凝聚力与运动表现之间存在显著的正相关关系。当参与任务凝聚力而非社会凝聚力时，当参与互动运动而非共同积极运动时，团队凝聚力与运动成绩的关系更强。互动运动是指团队成员之间相互互动的运动，如篮球和排球。电子竞技都是互动运动，这就意味着团队凝聚力高，运动表现也就高。而联合项目，如保龄球、射箭和跳水，是指运动员一起参加同一项比赛。

（二）增进队员之间的人际关系

当团队获胜时，电子竞技团队成员之间的冲突会大大减弱，彼此相处得更好。团队的胜利使个人感到满足，而团队成功完成任务目标，赢得冠军则可以促进团队的凝聚力。另一方面，如果团队不断输掉比赛，就会削弱团队的凝聚力。一个低凝聚力的团队也会因为获胜而变得有凝聚力，成为比赛中的一匹黑马。考克斯在他的《运动心理学》中也探讨了团队凝聚力与团队绩效关系的方向（图6-2-2）。

图6-2-2 团队凝聚力与团队绩效的关系

（三）提升团队效能

团队效率是指团队作为一个整体所感受到的信心。总体信心并不是运动员信心的总和，而是远大于个人效能信念的总和。具有强大凝聚力的电竞团队往往有很高的整体信心。如果电竞团队掌握了任务氛围，会增强团队的整体信心和凝聚力；如果氛围是竞争的，团队的凝聚力和有效性就会降低。

（四）增强团队凝聚力的同质性

国内有研究指出，由于任务目标的差异，有时主导者和替补者在凝聚力同质性方面表现不一致。

在电子竞技领域，在竞争激烈的氛围下，板凳往往得不到教练的关注，尤其是那些水平不高的教练。因此，运动员球员往往没有足够的信心去打好比赛。

一份关于中国女排的报道指出，中国女排教练郎平对每一位运动员都给予了同等的关注。赛前选拔赛主要队员的策略是营造"以强手为主"的竞争氛围，营造健康的比赛氛围，为每个队员提供公平的选拔机会。

因此，总的来说，在准备阶段，我们应该创造一个健康的竞争氛围，即给每个团队成员一个公平的选择机会。在电子竞技中，首先，大多数战队都没有足够的队员。他们中的大多数只有一个主要团队。其次，比赛的时间不固定，各类电竞赛事层出不穷，使得管理水平较低的俱乐部无法很好地规划准备时间，给所有的运动员足够的训练时间。希望未来的联赛制度更加合理，俱乐部的资源得到保障。

（五）减缓自我设限的破坏效应

自我设限是一种破坏性的认知行为。学习不好的人经常给自己强加限制——"我不能真正努力学习。"在电子竞技领域，人们也缺乏信心。自我限制的运动员说，他们无法完成困难的任务，并可能会给出各种理由来解释为什么他们做不到。

强凝聚力的团队可以提高运动成绩，降低自我设限的破坏性影响。

（六）加强对心理动力的认识

心理动机是指认知、情绪生理和行为方面的一种积极的或消除歧义的变化，它能导致运动成绩或比赛成绩的相应变化。在一个有凝聚力的团队中，球员之间有积极的情感交流，这使他们产生积极的协同效应。因此，一个教练需要提高团队凝聚力的两个组成部分——任务和社会。

（七）改善心境、情绪，提高满意度

强凝聚力可以提高运动员的个人满意度，有利于形成和谐的人际关系和满意的比赛结果等。这些令人愉快的因素也能改善运动员的心理状态和情绪。国外研究表明，具有较强团队凝聚力的运动员倾向于认为赛前状态焦虑有利于运动成绩；而低团队凝聚力的运动员则倾向于认为赛前状态焦

虑会影响运动员的竞技表现。

第三节　电子竞技团队协作的训练

除了个人的日常训练外，教练员还应计划在三到两名队员或全队队员之间进行战术训练。群体战术是一种非常重要的联合行动方式，它使个体与个体之间产生联系，从而产生战术行为的效果。

在教练解释完团队战术后，可以分解战术的步骤，以便每个运动员可以明确他或她的活动任务、行动路线、方向等。划分的方式有很多种，可以从时间、参与者的个人行动、协调过程的结构等方面进行划分。一般情况下，同时性策略可分为协调过程结构，而时间周期策略可分为协调过程或个体行动。分解练习的方法是为最终全队的表现策略做准备。

在分解练习之后，可以开始组织战术实践，完整的早期实践的基础上，通常没有障碍和假想敌，为的是对战术形式进行展示，展示的过程中，选手进一步了解他们的职责、战术的目的，明确战术的最终结果。在训练过程中，每个运动员都要在不同的位置进行练习，以便熟悉不同位置的实际协调配合，从而达到自如的运用。

在形式可以自由展示之后，训练可以逐渐增加障碍和想象目标。在前期，可以设定一些比赛中容易出现的情况，要求选手在克服这些障碍的同时完成合作，基本达到最初设想的目标。这一阶段有助于提高选手在对抗条件下的合作能力，也提高了选手在面对障碍时的战术灵活性。在逐渐完成若干次团队战术训练课程后，可以开始适当增加难度，在不利的情况下进行合作，或者在比赛中设置一些不寻常但可能的情况。在训练中还可以逐步提高战术水平，增强选手的战术灵活性、抗压能力。

群体策略的协调机制有两个层次，在协调的两个层次上也要考虑策略。在操作和协调方面，团队战术的训练主要采用各种形式的团队战术进行练习。具体的实践方法如下：

一、分解练习法

分解练习法的目的是让运动员学习团队战术的基本步骤、基本流程和基本协调。

有各种各样的分区方法的分解练习法，可分为从协调行动时间划分，也可以从个人行动参与配合划分，还可以按照结构和秩序的协调过程进行划分。一般来说，群体策略可以根据协调过程的结构进行分类。需要强调的是，分解练习的方法并不是团队战术训练的最终练习方法，因为团队战术最终必须得到完整的体现。

二、完整无阻碍练习法

完全无障碍练习是指以一种完整、没有障碍或假设的方式进行团队战术的练习。这个练习通常是在团队战术训练的教学开始时使用，但也可以用来巩固一种基本的协调形式。由于这个方法是从头到尾对某个配合形式的完整练习，因此每个人都参必须清楚自己在配合过程中的职责、行动的目的、方式和时机，明确整个配合的最终结果，没有这些先决条件就无法达到练习的目的。同时，这种练习方法应在场上的不同位置进行，以使选手熟悉不同方向合作的特点，从而达到自由运用的目的。

三、有阻碍练习法

障碍练习是指在练习过程中有目的地设置障碍的练习。这种方法的特点是根据一般情况很容易发生的竞争，在选手的合作练习中设置一些阻碍，选手都必须在合作行动的情况下试图克服这些障碍。这种练习有助于选手逐渐适应对抗条件下完成合作的能力，也可以提高运动员的战术灵活性。

四、有对抗练习法

对抗性练习是一种通过设置对立双方来直接练习团队战术的方法。对抗的程度可以进一步分为弱对抗和强对抗。所谓弱对抗，是指在合作实践中，对方只是按照预先设定的行动方式，对合作方的合作行动进行阻止和增加困难，而没有在合作过程中进行可变的、破坏性的对抗。强烈的对抗要求对抗性加强对合作行动的破坏，要求合作方在抵抗这种破坏的前提下完成指定的合作行动。从某种意义上说，这种强烈的对抗练习有时比游戏更困难（因为对方的团队正在做有针对性的伤害，而协调团队只做对方已经知道的事情）。

这两种对抗水平适用于不同的训练阶段。弱对抗性练习是为了加强团队战术的稳定性，强对抗性练习是为了培养团队战术的可变性和队员随机变化的能力，最终达到目标。

五、比赛练习法

比赛练习法是在实战中练习团队战术的方法（图6-3-1）。由于比赛的特殊气氛，运动员会产生与平时不同的心理状态。如果在比赛情境中要求运动员完成一定的预定团队战术，运动员的心理压力就会增加。但出于实际目的，这种练习是必不可少的，因为任何团队战术在成熟之前都必须经过实践测试。

上述介绍了五种常用的策略实践，这些方法不仅可以用来训练运动员在运营目标和相互协调，也可以让玩家在熟悉彼此的过程中增进对同伴的行为特征的理解，关键在于教练员是否有意识地在这种练习过程中培养运动员相互间心理上的融洽性。然而，在一个正式团体中，总是有几个较小的非正式团体。运动员身边总是围绕着志趣相投、心理相似的人，他们经常聚在一起，彼此很了解。从中可以看出，的运动员和教练在训练中应该考虑以下问题：首先，运动员心理之间的兼容性的共存是非常重要的，这有助于提高团队效果的战术和团队成员之间的默契，从而提高整个团队的运动性能。其次，运动员心理协调能力的训练和培养并不局限于一定的形

图 6-3-1　电子竞技团队比赛

式和方法，而是可以在训练、比赛和日常生活的每时每刻、每一个细节中培养出来。第三，教练员在调节和改善运动员之间的关系方面发挥着重要作用。

综上所述，团队战术训练应在操作和心理两个层面上同时进行，以达到最佳的训练效果。行动协调是团队战术的基础，心理协调则使团队战术发展到一个新的深度和高度。因此，将两者有机地结合到训练过程中，是球队战术训练必须考察的。

第七章　电子竞技项目的主要战略战术实例

当今电子竞技运动的比赛常设项目主要有 FIFA、CS：GO、魔兽争霸、王者荣耀四项。因此，本章主要内容就以上四项比赛中的基本战略战术展开论述。

第一节　FIFA 比赛的主要战略战术

一、进攻战术

足球比赛讲究个人技术和整体战术配合，FIFA 比赛也是如此。在电子竞技中 FIFA 的对战时，如果单独靠自己的个人操作技术来取得比赛胜利肯定是不行的，因为你的对手水平也不差，你是无法轻松地连过多名防守队员而破门得分的。这就要合理的运用整体战术。

（一）4-4-2 阵形

442 阵型是足球运动的常见阵型，全称："1+4+4+2 阵型"，在传统上阵型的表达方式是后场——中场——前场，即用不同场区的人数来表示不同的阵型（图 7-1-1）。

这种阵形的主要攻击战术是下底传中，所谓下底传中就是突破到边路然后传中，需要和周围的队友默契的配合。应用到战术中的就是中场的那 4 名中场队员。可以说每次的下底队员都是由他们 4 个中的 2 个完成，要想把左右两路的 2 名中场选手应用的得心应手，配合的够精彩的话，就要

第七章　电子竞技项目的主要战略战术实例

看足球意识了。

首先要观察对手左右边路的防守队员，他们是不是采用人盯人防守，利用个人技术，甩掉其中一名防守队员，那么在斜上方（斜下方）的选手（前锋或中卫）肯定会有空当，把球分给他，拿到球后如果没有人的话那么就向禁区里面突，因为不管从什么角度（除了正面对守门员）传中，肯定会进球，如果在禁区外的传中射门，进球的概率相对就低，所以，尽量把球带到禁区去。

图 7-1-1　4-4-2 阵型

（二）4-3-3 阵型

这种阵形的主要攻击战术是利用边锋进攻，所谓边锋战术其实就是应用 3 个前锋中的两个边路前锋去完成这个战术，战术的配合都还离不开下底传中这套路，所以，可以把边锋同中场的选择配合起来，然后依照上面

119

的 4-4-2 的进球战术就可以了（图 7-1-2）。

此阵型是一种攻守相对平衡的阵型，前、中、后三个区域的人员比较平衡。但对于中场三名前卫的能力要求甚高，是球队为了加强边路进攻而常常采用的阵型。

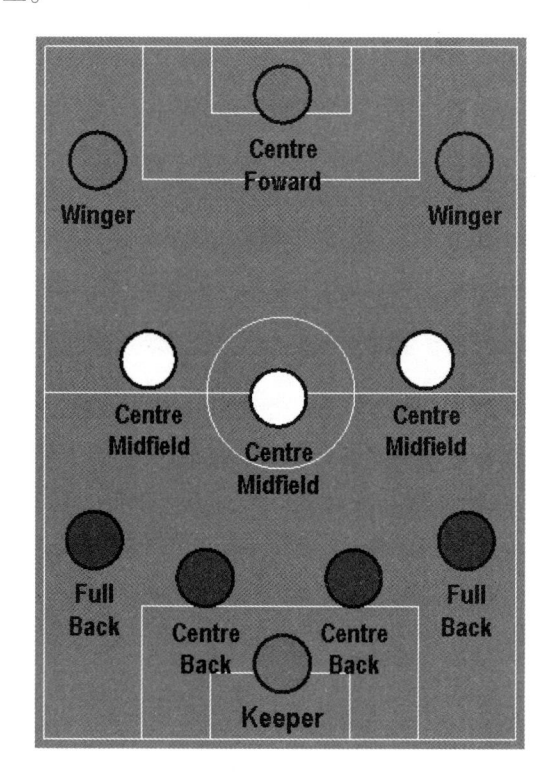

图 7-1-2　4-3-3 阵型

（三）4-5-1 阵形

这种阵形属于防守型，进攻战术特点是防守反击，其实谈到防守的话，就没什么战术了，因为防守只求断球而不求其他目的。但是如果没有成功的防守也就不能打出精彩的进攻。所以，如果选择了这个阵形的选手，就要采用防守反击战术（图 7-1-3）。

防守中，由于只安排了一名前锋，所以显得前场防守势单力薄，故防守时只能在前场施以积极封堵和阻击对方在中路发动快攻。必要时中场可顶上一到两名球员，协助前锋将持球人逼向边路等；在中场，两名边前卫主要职责是防守本侧边路，也常与同侧边后卫等队友进行围抢、夹击等；在后场，两名边后卫严防本侧边路为主，两名中后卫一名负责盯人，另一名居后保护，有时居后中后卫也可对两侧边后卫进行补位。

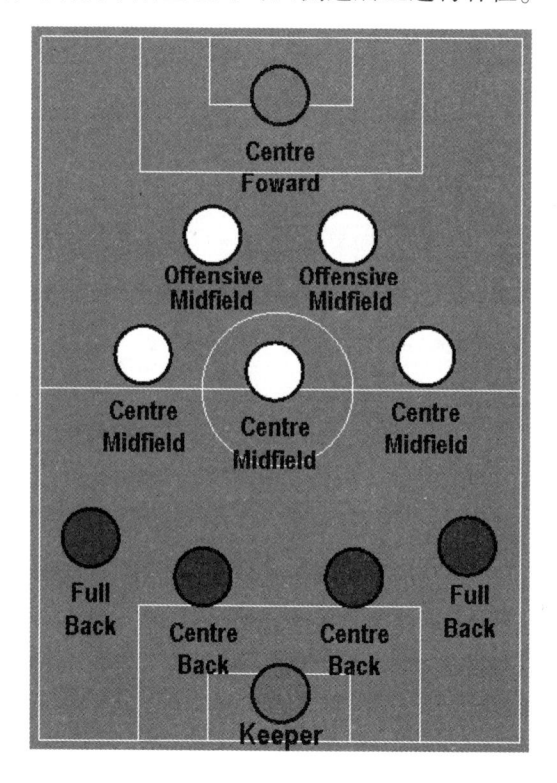

图 7-1-3　4-5-1 阵型

（四）5-3-2 阵形

这种阵形也属于防守阵形的一种，它的进攻更适合短传配合，FIFA 比赛时的短传配合的确不容易，所以，想利用短传来渗透到敌方禁区也不容易。总的来看短传就是短距离的传球，而想灵活的利用短传来进球就要对对手的技战术有一定的了解。举个简单的例子，如果在敌方半场，前方有一名防守队员，那么，就要利用短传或是过人来甩掉这名选手，如不是在对方半场用长传。而如果用 S 敲给了斜前方的球员，可是球还没到那名球

121

员脚下就被后面的对方球员抢先得到,这就浪费了一次绝好的机会。这就是对短传的认识和足球意识的问题了。首先短传的距离是绝对不能超过 15 米的,本身短传的球速就很慢,如果还想传到 20 米处的球员是不可能的(在对方半场)。所以,要尽量的贴近队友,别看 5-3-2 的前锋和中场很少,但是少才会精!中场员拿球然后传给下方的球员,这时下方球员千万别急着把球分出去,也别快速带球突破,只要让上面的那名球员别丢了就行了,面对适当的情况再把球分给他就行了,然后再寻找适当的机会(图 7-1-4)。

图 7-1-4 5-3-2 阵型

(五) 4-3-2-1 阵形

4-3-2-1 是典型的密集型防守反击的阵型,需要整体协作,三条线整体快上才能保证进攻的连续性。这种阵型安排 4 名球员在后场,5 名密集型防守反击球员在中场，只留一人在前场担当前锋，中后场的球员密集。不论是强队还是弱队都深知稳固防守的重要性。采用此阵型，一般是基于比赛双方的传统实力考虑的，或者是在比赛中，为了保持已经获取的胜势或完成本场比赛任务而使用的（图7-1-5）。

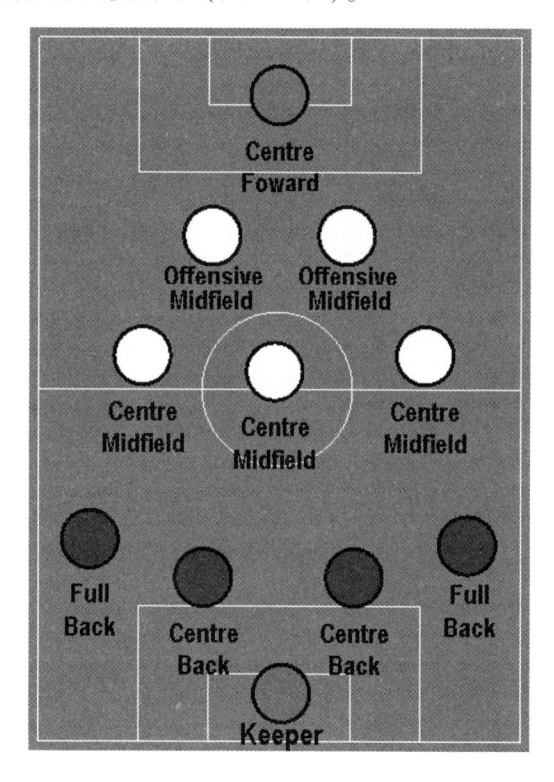

图 7-1-5　4-3-2-1 阵型

（六）3-5-2 阵形

这是一种攻守兼备阵容，适合打防反战和全攻全守战，属于攻防全能阵形，这个阵形可以有发挥战术的余地，这种阵形同样也是现实足球里最常见的阵形。在全攻全守时，这个阵形是可以根据不同的战术变形，攻击时他们会变成 3 后卫、7 前锋。防守时也会变成 8 后卫、2 前锋。把中间的位置去掉是因为防守反击时可以采取长传冲吊，而进攻时又能利用下底传中解决战斗（图7-1-6）。

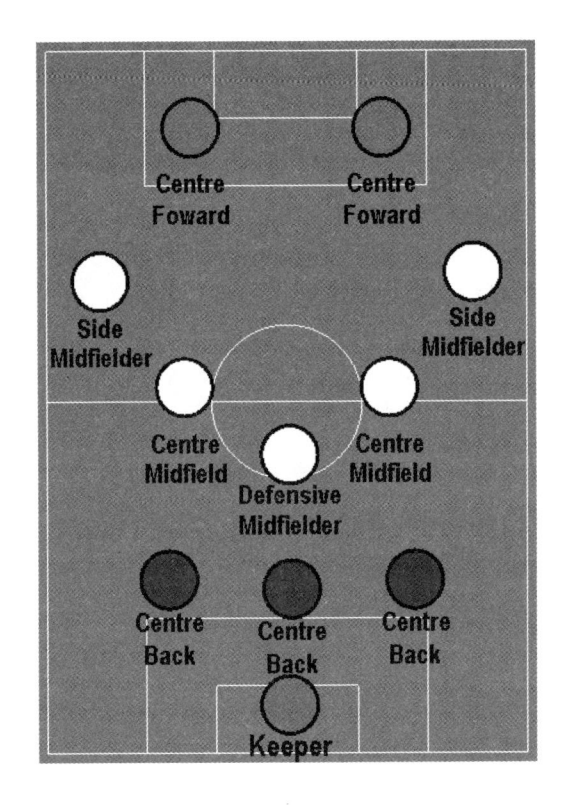

图 7-1-6 3-5-2 阵型

二、进攻手段

进攻手段基本有三种：第一种，中路短传渗透——中场球员配合。接近禁区时，再传给前锋切入禁区射门得分。这招是比赛中较喜爱用的一招，成功率也较高，进球也很快。但有弱点：就是遇到防守较好的球队，这种战术成功就会很低。第二种，边路突破传中。这种战术一般就是通过边路的个人突破，把球传到中路，利用中路队员的抢点破门得分，比赛时常常使用倒钩射门，进球很漂亮。第三种，后场长传冲吊——就是后卫得球直接大脚开到前场，再由前锋突破射门得分。这种战术比较突然，在久攻打不开局面或发动快速反击时很有用。这种战术还能在对方守门员开出大脚后，连按两下 D，将球踢入禁区。前锋快速奔跑，得球后射门。

三、防守战术

防守在 FIFA 比赛中是比进攻还重要的问题，每场进球 3、4 个，丢球也要 3、4 个，取胜的概率就明显低了。后场用 3 后卫平行站位，会发现这样很难防守住对方的快攻，如果对方采用进攻最有效的方法强打中路，通过精确的短传渗透，然后造成空当，一脚传球，这时候对方的前锋很可能把的后卫抛在后面了，必须用两种方法破坏对手的进攻：第一种，追得上，最好用"D"，即使追到禁区里也不要紧，一般都会在他起脚的一瞬间拦截成功；第二种，追不上，轻易不要用铲球，因为在后方、侧后方的铲球容易犯规，要尽量避免技术性犯规。同时不要放弃追击。在对手射中门柱的时候，及时跟上，破坏掉反弹回来的球，避免被对方补射。

只有在三后卫平行站位的情况才可以用这种办法。比赛时最好还是避免出现这样的情况，应该采用三后卫密集中路防守，这样基本可以避免被对方前锋丢开而又追不上之后祈祷的局面。对手采用下底传中的进攻战术，即使有边路配合，也大都是中路突破再分边，基本是在大禁区的边上起脚，而这样的距离，我方的后卫是完全可以有时间跟进或阻截的。即使被对方起脚传中，头球破门的概率也很低，所以密集中路防守比较好。四后卫的时候，防守战术也基本相同。

第二节　CS：GO 的主要战略战术

一、战略原则

在 CS：GO 比赛时，我们的主要目的是消灭敌人的有生力量，以保证完成任务，而取得最后比赛的胜利。"打退敌人是失败，而消灭敌人才是胜利"。最大限度的集中兵力于关键性战场，分批、有效的打击和消灭敌人。在 CS：GO 中的比赛中除了 CT 解救 C4 外，其他情况下应以快速消灭对方，争取比赛的绝对力量优势。在比赛中个人素质、团队默契配合和合理的战术运用是制胜的决定因素，因此应当把人置于优先位置来考虑。

要取得CS：GO比赛胜利的基本原则是进攻，有效的进攻是比赛取胜的关键，选择敌人最要害的部位直接进攻敌人。进攻和防御是战争中的两种基本作战形式。二者是相互联系、相互转化的。整体为防御，局部可能为进攻。进攻中包含着防御因素，防御中也含有进攻因素。进攻可转变为防御，防御也可以转变为进攻。比赛中CT的防御应该是积极主动的，即为进攻性的防御，有效的进攻是最好的防御。

战略上最重要的准则是集中优势兵力。即"集中优势兵力打歼灭战"，就是以最大的优势兵力在最恰当的时间、地点、方向，以最有利我方的心理状态对敌方发动突袭、合围、偷袭。数量上的优势在战略战术上都是最普遍的制胜因素。虽然在实际比赛时，通常不可能处处形成数量上的优势，但必须在关键交战点上通过战术安排，造成局部的数量优势。一切行动要以对敌打击出其不意为基础，才能在比赛中取得优势地位，使对方敌人陷入混乱和丧失勇气，从而成倍地扩大胜利的影响。战术制定的基本原则就是"以多打少"。

合理的战术的三个元素是"观察""快速"和"进攻"。观察就是要善于观察和判断对手的情况和比赛地图的地形，及时制定正确的作战计划；行动快速是要求队员具有高度的机动性和突然性。队员要按照比赛的战术安排及时赶赴自己的位置和抢占有利的地形和时机，必须善于快速进攻、快速转移。猛烈攻击是比赛中进攻的主要形式，猛攻的表现是在敌人聚集兵力和准备抵抗之前发动进攻。

CS：GO进攻就是要出其不意、攻其不备，在战斗决定胜负的关头，用强有力的火力，狠打猛追。进攻时不要让对方看出你的行动意图，不要过早的暴露攻击目标、火力配置、人员分配，攻击后要快速转移。要善于用假象扰乱敌人、迷惑敌人。攻击的时间要在对方无防备或者防御低潮期发起突然行动。

二、战术原则

CS：GO比赛一般是五对五的团队对战。在CS：GO中重要的是行之有效的战术、配合和意识，只有默契的配合和正确的战术才能得到胜利女神的眷顾。可是如何提高作战意识，如何达到最默契的配合，如何制定最完美的战术，这是需要大家认真思考和总结的。

在比赛中，如果不考虑其他客观因素，制定团队战术就有一个根本原则：第一，为战友提供安全射击时间或争取安全射击时间。第二，按照比赛规则作出符合客观的战术。所谓安全射击时间即敌人没有向自己或队员作攻击性质的动作，而自己或队员可以攻击敌人的一段时间。

每个参赛战队都是由五个人组成，其中一个是战队领队。领队需要花费很多时间来研究队里的配合等等。如果战队都是迷茫的模仿成功战队的战术，最终的结果就是失败。为什么呢？因为各成功战队的战术是专门根据自己的队员的实际情况设计的，而且在配合上已经磨合了许多次，战术可以弥补他们的短处，而发扬他们战队的长处。所以，任何战队在设计战术时，既要参考优秀战队的成功战术，也不要直接照搬，必须要根据自己的队员的技战术水平设计自己战队的战术。战队中每个队员都有自己的打法，基本可以分成沉着防守型和攻击型，当然还有在这两种类型中间的。假如你们的战队中队员多属于沉着防守型打法的，那你们在设计进攻战术时就要想到不要全队集中冲进一个炸点。特别在比赛的时候，一定要想方设法一个一个的把敌人消灭。要等到四打二的情况才采取正面攻击战术。

在高水平比赛的时候，战术不是决定比赛胜负的唯一因素，往往还取决于队员们的心理素质、如何运用战术能力和比赛中的应变能力……任何成功的战术需要战队队员的长期磨合，每一个战术细节都需要刻苦训练，不要忽略战术中的细小环节。在比赛中，可能一个雷或一个闪光弹的使用都会决定这个比赛的胜负。在平时训练和一般性比赛时要敢于研发和使用新战术，在关键的比赛时才会有上佳的表现。

ECO 是 CS：GO 的常用战术之一。实战 ECO 是英文单词 Economy 的缩写，翻译成中文的意思就是经济、节约。经常接触比赛模式的 CS：GO 玩家对这个术语一定不会陌生，早在 5V5 对抗形式诞生之初，人们就很快发现游戏中金钱计算上的问题，同时也感觉到有必要把团队的实力集中到一起发挥，于是 ECO 的概念也就自然而然地诞生了。

三、CS: GO 比赛战术

(一) 进攻战术

战术是一个复合概念，包括了赛前的战术布置、开局的位置布阵、进攻和防守阵型移动、比赛时的战术变化、残局的战术处理……

开局布阵和队员位置是所有战术的开始，不管是防守和进攻，至少每个人都有一个方向。这个环节看似简单，但是细微之处见功夫，根据地图和对手的不同，指挥者的选择就要有所区别。举个例子，U5 对 Rival 的一场比赛，U5 做 T 的开局时每一个人都有固定的看守位置，防止 Rival 的 CT 压上，而 Rival 做 T 的开局明显是为可能的 RUSH 做准备。简单来说，如果这局不需要 RUSH，那谨慎一点的想法就应该是守住每一个 CT 可能压上的地方。可是，要守好是很困难的，尤其是你的对手比较强的时候。如果开局不谨慎，即便对手只是 USP，你也会面临非常危险的局势。反过来说，你的开局布阵越细致越有耐心，被打败的可能性就越小。

作为一个指挥者，在比赛中，要使用平时训练好的开局布阵先稳住阵脚，然后再平静下来仔细分析场上局势，这样做是比较好的开局选择。

稳住阵脚以后，就要选择这一局的进攻战术了，按照 CS: GO 的比赛特点，可以把进攻分为三种：快打（RUSH）、佯攻（fake）、分组进攻（spilt）。

一名优秀的指挥者必须对对手的经济情况有清晰的认识，并且对对手的防守能力要有很好的判断。战术细节处理非常重要：第一个人如何吸引对方的火力和暴露位置，其他队员怎么迅速清理残局，还有武器的合理使用……如果每次都采取 3 人主攻，剩下的 2 人包抄是不现实的。

分组进攻有点像足球里面的阵地进攻，就是多点包抄，正面把炸点打下来。比如 cbble 和 inferno 常见的 A 点两路分组同时推进，这种打法是最考验一个队伍的综合实力的，比如 SK，就是这种打法的代表，他们所有的进攻基本都是正面的群体性的小组推进。由于分组进攻需要时间上面的配合，所以很难打得很快，不然很容易被 CT 集中注意力各个击破。平时的训练，应该以这种分组进攻为主，理论上，配合越默契，开打以后占领炸点的效率就越高，所以时间和雷的配合应该是训练的重点。

佯攻是最体现配合和智慧的打法，对战术要求很高。尤其是在比赛时想打出高水平的佯攻比较困难。佯攻的目的一是拉空对手一侧的防守，二是迫使 CT 移动，三是转移 CT 的注意力。可是在双方能力平衡的情况下，是很难出现拉空对手一侧防守的。佯攻有很大的偶然性，比较简单的就是根据对手的比赛心理，尽量做得像某种已经成功的战术。

比如，上一局 T3 人走 2 楼，这一局如果 2 楼再有闪光弹或者 HE，CT 还会认为 2 楼有 3 个人。如果你重复使用烟雾弹，那 CT 会认为你在使用同一种进攻战术。这时佯攻战术的目的是使 CT 改变防守阵型，从而攻击其薄弱环节。最有效的佯攻就是没有主要进攻方向，队员进攻时采用多点并进，这种打法对个人能力要求太高了，尤其是对进攻时间的把握。

（二）防守战术

防守一样是从位置分派和开局布阵开始的。位置是一个很大的学问，世界上很少有强队在一场比赛中临时更换防守位置的。任何人都有自己熟悉和顺手的防守位置。而开局布阵是最见功力的，好的布阵可以省去交火的协防移动，瞬间形成人数优势。

常见的防守战术基本就是压迫型和消极型两种。

1. 消极防守战术

它是目前比赛中防守的主流，这种战术打法是后发制人，消极防守需要注意选位和合理布置交叉火力。虽然站定位置的时候非常容易被闪光弹控制住，这种情况防守会非常被动。能够非常合理使用自己的闪光弹的队伍毕竟是少数，所以消极防守还是实用的。消极防守战术容易被佯攻迷惑是它的重大缺陷，缺乏对进攻动向的把握，很容易盲目的组织协防造成某一个炸点的空虚。这种战术的最致命的一点，就是由于收缩防守总是需要一个枢纽（比如 inferno 的 CTBASE），如果你的防守阵型收得太紧，根本阻挡不住 T 往枢纽位置的移动，于是 T 就可以顺利完成夹攻，那你就要面对很难堪的局面了。

2. 压迫防守战术

这种压迫不是单纯的 RUSH OUT，它的主要目的还是控制住那些 CT 通常放弃的区域（比如 inferno 的丁字路口），这样 T 很难判断 CT 的动向，防守压力会小一些。这样做的好处还是比较多的，比如如果CT在inferno的B外走廊架了一把AWP，那T所有的A-B之间的转点就不可能迷惑防守者了。

作为一个指挥者，需要根据场上的局势使用合理的防守策略。防守的细节很多是可以量化的，比如T最快什么时间到达某个地点，CT某个位置出手的手雷可以影响哪几个区域……

（三）骚扰战术

CS：GO比赛有时候也类似足球、篮球比赛，每个队都有自己的进攻或者战术思维，那是战队长时间在一起训练形成的默契。战队在比赛前，应该安排好战术或者进攻路线，应对措施等。对于比赛中，队友的配合对下一步全队的行动起着很大作用，这里就显示一个队的素质。

一些优秀的战队在比赛时，他们的配合和转移很迅速，这样就节约了时间，在短短几秒时间内，都会发生形势的逆转。欧洲强队这种对敌人心理拉扯，骚扰的方法运用的相当经典，在敌人彷徨和迷惑的时候，发动致命的攻击，找到弱点穷追猛打，对敌人心理防线不间断地进行打击。这种持续打击的作用是非常大的，情绪的波动会影响正确的判断能力，技术的发挥，错误和失误的出现，才会有缺口出现。

想取得胜利，必须利用有限的骚扰试探创造机会，把握那些转瞬即逝的机会，才能使你掌握战场的主动权。就像玩老鹰捉小鸡的游戏，战术欺骗和佯攻，就是要把敌人的思维搞混乱，分不清真实的进攻意图，在对手徘徊和犹豫的时候打击对手。

四、多人战术配合

在队员分组配合时，有很多事情需要注意。作战小组内的人要彼此互相了解，同伴性格上的特点、处理某一种情况的思维方法等。两个人要互相弥补对方的缺点和打法。两个相似的角色和相同性格类型的队员不要组合在一起，组合的原则一定要使攻击和防守的能力平衡。

（一）站位配合

保持良好的站位是一个最重要的前提，站位一般分以下几种：齐头并进、一前一后、蛇行跑动。齐头并进这种方式适合两人枪法都比较弱的情况。无论是对于自身还是敌人来说,第一时间消灭对方就是对自己队伍的最大帮助,也是最大效果减小敌人对自己的伤害。所谓"双拳难敌四手",两人合攻,可以快速地秒杀对手。一前一后,则适用于前方大量敌人,而自己身边又有掩体。前面的队友出去吸引火力,后面乘机探出枪口一阵狂扫,在枪林弹雨中战斗,一切都是为了后面的那个人。

蛇行跑动相对前两种跑法是比较高级的打法,这样的打法适用于当两个人一起的时候,前方同样出现大量敌人,自己身边又没有什么掩体,这需要两个人的较好默契,一左一右,左边的队员往右边跑动,右边的队员往左边跑动,边跑边开枪。当2人交叉时,后面的停止放枪,以免误伤队友。当两人过转角的时候,1人沿着远点走,另外一人在近点伏击,如果远点人开枪,那么近点的队员可以打对手一个措手不及。

(二)武器配合

比赛中选枪也是配合上非常重要的一步。选枪和个人打法、进攻目的等等都是有着密切的关系。例如在dust2地图中,要攻击B点,我方手里都有钱,但也没有必要买AWP或者其他的长距离武器。有可能还可以用猎枪,如果知道敌人在B点内坐守。在CT选枪的时候也要看防守目的、防守位置等。当手里的钱不是很多,防守的是dust2的A点的大道,这时可能选择买MP5或者deagle,因为deagle非常准,适合距离远的攻击。在比赛第一局时,使用雷往往会扭转整个局势,所以如果队里有用glock用得好的队员,最好买雷。比赛中,两个usp和闪光弹、一个glock和雷与两个deagle的武器搭配在实施战术时是非常完美的。

(三)游击战配合

游击战也分两种,一种是己方只剩下两人的不得已行为,另一种就是"快速抄后路小分队"。一人跑动,另一人倒跑,防止后面来人,如果有必要,后面的人可以等前面的人跑过T,再找个地方蹲下,可能会有意想不到的收获。前面的战士要绝对相信后面的队友,不要做出往后看的动作,自己专心地攻前面,后面的一切留给你拖后的队友去完成。保持这个阵形可以让你尽可能地保住自己的枪,生存到下一局。如果是快速抄对手后路，整体要求就是一个快速到达相应地点，并埋伏起来。一旦另一面的试探攻击展开，可立即在对手认为最不可能出现的背后突然出现。

（四）防守战配合

这里着重谈如何防守有两个出口的区域，如果各自防守自己身边的出口，那么开火的时候，队友立刻上来支援，在时间上就会慢半拍，因此可以采取相反射击的方式，即两人各自躲在一个出口边，枪口瞄准队友身边的出口。如果两人都是防守型C4，那么就可根据对方人数，一人防守一个路口，以平移晃动枪口的方式来控制路口。或者可以考虑一人在C4附近作诱饵防守，另外一人在黑暗处准备偷袭。一旦对手试探攻击发现只有一人的情况下，这个偷袭者的突然出现，必然可以取到奇兵的效果，从而使C4被拆除可能性进一步降低。

在比赛中，队内的通讯可能也是在一场比赛决定胜负的原因。在比赛时给队友们提供信息非常重要，也可以起到互相鼓励和保持兴奋的作用。每次说话之前一定要想好说些什么，说话速度要平稳。表达的信息要充足，千万不能啰嗦。

（五）多人战术范例

以游戏中经典地图 de_ dust2 为例。

图 7-2-1　CS：GO de_ dust2 地图

第七章　电子竞技项目的主要战略战术实例

1. CT 战术

CT 基本站位："3-1-1"战术（A点3个，中门1个，B点1个）。

A点队员站位分为两种：平台一人、小楼梯2人；平台一人、远门2人。

（1）平台一人、小楼梯2人

平台到基地出口附近1名队员的任务：观察远门方向，发现敌人后及时告诉队友，发现3个以上敌人有推进趋势或者发现炸弹报告需要增援；不要和远门敌人对枪，利用手雷和闪光弹尽量骚扰，可退回到基地里或者小楼梯的队友方向等待支援。B点被突破后立即穿越基地赶往B，途中注意中门可能有人。

小楼梯2名队员的主要任务：力争保住小楼梯，一个下去看住拐弯处，另一个在前者身后或侧面，如果前者牺牲或退回上弹夹，及时出来保证火力连续；一段时间没有声音，可以有一个出去观察，但要保存实力，遇到多人应该退回；远门被突破后，可以有一个CT迅速去远门打身后，注意敌方断后，另外一个要后退配合观察远门的CT来拖延T安包；B点被突破后两人立即从门洞方向去支援，小心敌人断后。

（2）平台一人、远门2人

平台到基地出口附近1名队员的任务：观察小楼梯方向，争取爆掉第一个敌人的头，不利情况下迅速向远门撤退，及时报告并向平台上扔闪光弹；远门战斗打响后向远门支援；如果远门战友牺牲很快，退回基地保存实力；B点被突破后，穿越基地去支援。

远门2名队员的任务：第一时间跑去远门，一名队员下斜坡，看住远门，另一名在拐角处守住远门，争取利用地形优势夹击消灭第一个出现的敌人，让后面的敌人不敢贸然进攻；小楼梯被突破后就地在斜坡下防守，坚决不让敌人退到斜坡，等待中门和B点的队友到达小楼梯后进行夹击；B点被突破后从远门到B点门洞进行支援。

中门队员的主要任务：不让敌人轻易突破中门，保护B点队员的背面，如果冲中门的敌人比较多，向后退的同时一定要通知队友；观察是否有敌人去往小楼梯，发现后立即通知队友并用手雷削弱敌人血量；B点被突破后立即去往B点木门，打后出来的敌人并观察对方防守位置为反攻做准备；A点被突破后根据剩余A点队友位置选择远门或者小楼梯支援。

B点队员的主要任务：观察B点门洞情况，争取击毙第一名冲出来的敌人，如果对陆续有人跳出来，无论是否打死第一个T都要立即后退，向里面扔手雷和闪光弹，并立即去往右侧窗口，对立足未稳的敌人进行偷袭，注意不要进窗，木门留给中门队友，并等待驻守A点的队友支援；A点发现敌情后要停留在B点观察，防止对方佯攻；如果A点需要增援，则立即赶往A点，路线同中门队员。

没钱的情况下可以采取ECO战术，比如全部去B点，留一个人看中门和A点。说明：

（1）反攻A点时，要保证远门和小楼梯都有人夹击。

（2）反攻B点时，要保证木门、门洞和窗口都有人夹击；进入木门时，前面的人一定不要停留在木门口与T对枪，要迅速移动进去，小心几个常见的蹲点位置。去门洞的队友间要保持合适距离，避免被敌人断后袭击。

（3）这张图CT较难，所以开始阶段要尽量保存实力，而且常常要主动变化，不能被动挨打。比如基本站位里面第二种的战术目的就是堵住远门，放空小楼梯，让敌人不能舒服地埋包然后退回斜坡防守。

搭档间一定要默契，熟悉另外一个队友的各种意图，这样才能弥补局部人数上的劣势。

2. T战术（设置特工1名）

（1）强攻A点

远门2人加小楼梯3人或者远门3人加小楼梯2人（根据CT对A点防守站位而定），两边稳健推进，注意背后。

远门2人加小楼梯2人，同上，特工留守B点门洞内，及时从B点或者中门出现，打击增援的CTO。

远门4人，利用火力优势迅速推进，并尽量消灭A点敌人；特工留守小楼梯方向，准备打小楼梯增援敌人的身后或者拖延敌人增援。

无论以上面何种方式到达炸点，迅速埋包；一般情况下将C4埋到下面退回远门斜坡防守。

（2）强攻B点

全体队员无声地接近B点，在洞内卡点，开始时小心被手雷消耗血量。然后由专人进行观察，争取击毙守B点的敌人，此时其余队员应当更加后撤,防止被炸。然后由观察员决定是否继续进攻 B。

如果进攻,则一起冲出洞口,不得停留,各自分散开卡点防守,埋 C4。

特工拖后,可以在洞内伏击或者游走。

(3) 佯攻 A 点,实攻 B 点

2 人出远门(不携带 C4),并发出向 A 点进攻的假象,同时特工向小楼梯进攻(如果对方小楼梯防守严密,就不要对枪,虚张声势即可)。B 点队员一定要冷静,听清敌人如何接应 A 点,如果进通道,可卡点击杀他,否则直接进 B 点埋包。此时特工应当跳下小楼梯,找到合适位置卡点拦截从 A 点去 B 接应的敌人。同时佯攻队员负责包抄(此时 A 点的敌人应该已经知道 B 点埋包),动作要迅速,防止 B 点抢先被敌人突破拆弹。可以在埋包后,佯攻队员直接冲向 CT 基地,而小楼梯附近的敌人由特工拦截。

(4) 佯攻 B 点,实攻 A 点

3 人前往 B 点(含特工,不携带 C4),两人携带 C4 在远门附近或者门内卡点,不应被敌人发现。

而后开始向 B 点进攻,方法同强攻 B 点。目的是造成假象。此时 A 点队员卡点拦截掉接应的敌人(CT 一般不会走这条路,注意为好),同时直奔 A 平台埋包,开始各自站位防守。此时 B 点队员就应该灵活掌握尺度,可以有多种选择:一是占了 B 点后,偷偷放弃,一到两名队员绕回 A 点协助防守,剩下的进通道负责消灭被迷惑的接应 B 点的敌人。或者先卡点防守让敌人认为是真攻 B 点,这样可以对付实力比较强但是比较笨的敌人,即使他们攻陷 B 点,也会发现回 A 点已经来不及了。

(5) 攻中门,B 点包抄

4 人强攻 B 点,特工出中门,消灭掉防守中门的敌人,而后夹击 B 点。此时就要求特工事先观察好中门敌人的位置。说明:dust2 地图从远门斜坡拿刀绕到 B 炸所需时间是近 30 秒,持 AK47 接近目标地点需 40 秒,加上埋包 5 秒,爆炸 35 秒,留出余量,需要 1 分 30 秒左右进行一次后期战略转移。所以为保证战术的灵活性,总攻命令将在剩余 1 分 40 秒到 1 分 50 秒之前下达,以保证足够的转移时间。在此之前大家要稳健、无声,争取消灭露头的敌人,打开缺口。

第三节　魔兽争霸比赛的主要战略战术

一、战略的方针原则

战略原则，是指导比赛全局的方针，是整体战略的核心。战略方针是对阵双方进行战争准备和一切作战行动的基本依据。它是战争客观规律和战争实践需求的反映，是由竞技活动参与者依据其奉行的战略思想，在全面分析敌对双方种族、资源、科技、比赛地图等因素的基础上制定的。在一定的客观条件下，战略方针正确与否，对整个对战进程乃至比赛胜负有着决定性的影响。

在《魔兽争霸3》中，如果决定的战略总方针是进攻战，但是在具体的某一阶段上，处于形势需要，可能必须进行防御，这不矛盾。但阶段方针和战区方针必须服从和服务于战略总方针，这是取得比赛最后胜利的关键（图7-3-1）。

图7-3-1　《魔兽争霸3》游戏画面

二、战略手段

它是竞技比赛进行的方法，也就是采用什么样的手段去达到自己的最终目的。相当于军事战略中的战役法和战术。其主要内容包括：基本战术原则、兵力部署、协同动作、战斗指挥和战斗行动的方法及各种保障的措施。按战术类型分类，主要分为进攻战术和防御战术；按操作军兵种分类，分为合同战术、军种战术和兵种战术；按战役规模分类，分为兵团战术、部队战术、分队战术等。我们下面就从战术协同、强攻与袭击、战斗部署与队形几个方面简单做一下论述，其他方面需要读者自己去总结把握。

（一）战术协同

战术协同是各军兵种和各部队为完成共同的战斗任务，按照统一的意图和计划协调一致的行动，是形成整体力量，有效地打击敌人，夺取战斗胜利的基本条件之一。《孙子兵法•九地篇》中把配合作战比做打常山之蛇，"击其首则尾至，击其尾则首至，击其中则首尾俱至"。随着游戏技术的不断复杂，形成了真正意义上的战术协同。游戏者通常根据预定的战斗进程和划分的阶段，针对敌人可能的行动，按目标、时间、地点实施及时、有效的协同动作，发挥整体威力。

现在游戏发展越来越高级，参与对抗的不只是一个兵种，如何把各兵种的优势结合起来，形成合力，对取得战争胜利是很关键的。因此研究战术的协同，是摆在我们面前的重要任务。

（二）强攻和袭击

1. 强攻

它是集中兵力、火力对防御之敌实施的强行攻击，主要用于对坚固阵地防御之敌的进攻。要求强攻时注重火力、机动与突击紧密结合，力求空中火力突击与地面强攻和空降突击紧密结合。其重点在于我方占有较大优势，且对对方的防御特点和实力了解得比较清楚。

2. 袭击战

是指乘敌不意或不备突然实施攻击的作战，目的是打敌人措手不及，快速歼敌，以小的代价换取大的胜利。按敌人态势，分为对驻守之敌的袭击战和对运动之敌袭击战。其主要样式包括伏击、急袭、奔袭、破袭和袭扰等。在战略类游戏中，诸兵种协同袭击战被广泛采用。空间范围不断扩大，手段不断增多。

（三）战斗部署和战斗队形

1. 战斗部署

是对战斗编成内的兵力所作的任务区分、编组和配置，是战斗决心的重要内容，分为进攻战斗部署和防御战斗部署。它必须适应立体、全方位、全纵深战斗的需要，以发挥整体威力，敌情、任务变化时，则随时迅速地调整或变更战斗部署。

2. 战斗队形

战斗部署和队形是很重要的，做好了这一点，在游戏中就可以扬长避短、发挥诸军种的整体威力。而不会被敌人各个击破。例如，在魔兽争霸3中，组织队形时要注意让魔法部队和远程部队排开。魔兽中兵种相克比较明显，如果让对手牛头怪冲入火枪手群中简直是虎入羊群，这和编组有着很大的关系。一般的阵型都是肉搏兵作盾牌在前，法师照顾全局在中后，而投石车和远程兵在最后。当然这也不是绝对的，需要指挥者根据实际情况随时进行调整。另外，还有诱敌、扰敌、"造势"等等战略手段，需要我们在实践中细心摸索，随时总结，才能不断提高。

三、基本战术

战术应该是玩家智慧的体现，是玩家智慧在游戏公司智慧的基础之上的体现。哪些属于战术呢？先大体给大家个印象，后面具体说。星际：多点作战、出其不意的空投、阵形的理解利用、地形的利用、兵力配比跟资源的合理调配、扩张方向的选择、侦察与反侦察……魔兽争霸：魔法和宝物的使用，对对手部队的调动，混合部队的队形（not 阵形）。应该说英雄的骚扰方式很多是玩家发明的,但是模式化的打法让这部分战术几乎沦落到纯操作的范畴内。大体而言,魔兽争霸战略战术可以分为以下几类。

(一) 出其不意类

这一类就是比赛双方拼斗心理,寻找、发现甚至是制造对手心理上的盲区,从中得利。比如空投,一次出人意料的空投可能让对手手忙脚乱甚至直接GG。星际的空投五花八门自不必说,魔兽也可以空投工程部队发动奇袭,但很少。比如多点作战,多点作战势必让兵力分配出现漏洞,就看双方如何利用对手的漏洞弥补自己的漏洞了。比如"围魏救赵",这是个节奏问题,我比你快一拍,调动你的部队,让你的部队把大量时间消耗在路上。比如"围城打援",星际庞大的人口上限和地形影响因素决定了这种战法的可能性,一部分部队佯攻,主力部队在适合自己的地形上伏击对手。魔兽缺乏这种机制,如果硬要拿工程部队为例的话,倒是归入"挡拆"比较合适。比如"挡拆",和"围城打援"相反,"挡拆"的战果不在于打援军,而是在主力部队挡住对方主力的情况下,少量部队蹂躏对方基地。星际有众多分基地可供虐待选择较大,魔兽则常常需要直接去碰对手主基地,所以工程部队是最好的选择。比如"远交近攻",这么说不太合适,但是魔兽可以利用对手打野怪的时机和野怪联合起来攻击对手。比如Tower Rush:建筑Rush,原则上应该是冒险的打法。关系到平衡的问题,魔兽的"某些种TR(比如它族对ne的TR)"跟星际的5D都是堪称"赖皮"的事物,不是不能防住,但是已经严重危害到其竞技性了,应当取缔。

(二) 阵形和队形类

我们把接触战之后生效的东西化入队形,解除战之前的化为阵形。也就是说,你把肉盾放在前面设计部队放在后面,这属于队形而不是阵形;让footman去追弓箭,火枪追打女猎也属于队形。少量的远射兵种对少量肉搏兵种通常是有劣势的,但是大量远射兵种射程优势就显露无遗。肉搏兵种只能依靠包夹来抵消远射兵种的射程优势,只从一个方向冲等于找死。魔兽部队规模很小,而且多为混合部队,大量远射对大量肉搏的机会不多。另外魔兽4族主战兵种射程基本没什么区别,也就不存在这方面的考虑。比如"引蛇出洞"。射程很远的兵种利用狭道的优势常常是无可匹敌的,强攻不行就只能引它出来再包夹灭之。因为包夹的原因,魔兽也缺乏这方面的战法。比如队形搭配。魔兽每个种族都有"英雄+肉搏+远射+支援性魔法+特种魔法(+空军)"的组合部队,所以,接触战斗时的队形变化莫测,是魔兽的战术灵魂所在。

(三)侦察与反侦察类

魔兽的侦察有自己的特色。比如部队结构的侦察。比如发展方向的侦察:星际中的扩张几乎是爆发式的,对分矿没有好的侦察很容易落后。比如反侦察:在星际著名的路口上派驻单个部队会对对手的侦察造成很大的困难和迷惑,这对于人口紧张的魔兽来说几乎不可能;在基地中的防空设施都有反侦察作用。

在魔兽对战时首先在初期需要派单位进行侦察,一旦找到对手的基地,首先需要查看一下对手是否有开第二基地的举动,如果有,立即派遣英雄和兵种单位去骚扰,这样下面的战斗将轻松许多。不过不要和对手纠缠过多的时间,因为他马上会发动第二次进攻,这种情况对你的兵种单位很不利,一旦骚扰成功并延迟了他的分基地战略,就可以去进行下一步战略部属了。

(四)平衡与发展类

平衡和战术关系是密不可分的。平衡做不好,就会造成战术非战术的现象。而游戏的科技发展过程中的平衡是战术依存的好土壤。比如平衡的相对性,任何时刻的绝对平衡对于战术来说是一种阻碍,只有在各个发展阶段游戏双方互有劣势,才能有"你来我往"的精彩拉锯战,才能给战术的发挥提供更多的机会。这也是同族之战常常不受欢迎的原因,同样的平衡对于双方来说只有拼操作一条路可走。星际的神族和虫族都面临这样的无奈,魔兽英雄的不同选择一定程度上弥补了这种缺陷。比如平衡的绝对性,在不同发展时期互有优劣,同时也说明,在某一时刻一方是占有优势的,战术于是产生了。但是,这种优势是一分为二的,利用这种优势的同时,也必须冒同样的危险,因为"防守优势"和"行军时间"随时会让优势荡然无存,在整个过程中对双方还是平衡的。比如平衡的局限性,平衡要局限在人的可控范围内，或者说水平相近的玩家双方的可控范围内。还是魔兽 TR 和星际 5D 为例，面对相近水平的对手如此打法，一旦命中就超出了控制，不会给你留任何机会。

除了以上所谈的战略战术外，在魔兽争霸 3 中，还有一些相关问题需要注意。

第一，控制流与扩张流的分化。除了自始至终的控制和扩张之外，还应该有 Rush 流，不过星际的机制鼓励游戏推向更加精彩多变的中期，所以 Rush 只是一种被限制的手段，无法形成战术流派。以星际为例，控制流自始至终地对对手保持压力，在攻守平衡中完成游戏；扩张流则全力扩张，依赖后发制人。实际上 TPZ 三族在压迫、扩张上具有不同的优势，尤其是 Zerg 简直是完美的扩张主义。但是在这之前，星际农民数量的可控制性是两种流派分化的基础。而魔兽显然很缺乏这种战术分化，5 农民采金的资源限制让战术迅速的单一化。ROC1.05 的精灵 3 基地开局让人欣喜，但是它不符合魔兽的精神最终被砍；TFT 中木头第一次发挥限制作用阻碍了精灵的基地升级，虽然对精灵很不公平但总算是一种战术分化。

第二，资源产生的战术。对资源的合理利用也是一种战术选择。星际的主要资源水晶是有限的，采集速度是可变的，水晶适应 gas 的方式有很多：比如控制水晶的采集速度，比如选择少 gas 的兵种。比如魔兽，黄金作为主要资源采集速度是固定的，那么木头只要满足一定比例，根本不存在兵种选择的战术分化。魔兽扩张分矿提升金矿采集速度又很不方便，其实等于消除了资源配比对战术的影响。当然资源对流程的影响还是有的。

第三，游戏的死角。游戏的死角的范围其实很大，广义来说，大的失误应该能造成大的麻烦，小的失误应该只造成小的麻烦，如果小的失误存在造成大的麻烦的倾向，那么这就是游戏死角了。这对战术是有一定破坏的。比如星际的 P 一个不留神让 T 族铁壁铸成，如果坦克不拔起来 P 很难攻打；同样如果 PT 攒够了足够的资源和空中飞机，那么就算是龟缩一岛 Z 也无可奈何，Z 到底犯了什么大错误呀？再比如魔兽的运输机被打落，如果所有的英雄落在岛上那就搞笑了；至于 TR 那种天大的死角，精灵几乎是落后必死没有反击的余地，只要精灵一被压制，对方当着面 Tower 你就没办法，拼攻城车都落下风。

第四，地图的影响。星际地图的单一化令人发指，LT 牢牢控制着天下，没有哪个地图在战术和平衡性上能与之一拼。但从上面的分析可以看出，地图尺寸魔兽战术的影响相对较小，所以，魔兽的可用地图就多了很务。每张地图都有每张地图的战术，星际纵然千变万化，但是仅靠一张 LT 和魔兽的十多张地图相比，还是显得单调了很多。

第四节　王者荣耀比赛的主要战略战术

一、游戏简介

《王者荣耀》是由腾讯游戏天美工作室群开发并运行的一款运营在 Android、IOS、NS 平台上的 MOBA 类国产手游，于 2015 年 11 月 26 日在 Android、IOS 平台上正式公测，游戏在一张正方形地图中进行。地图大致可分为三条兵线、两个高地、四块野区、两条河道等。三条兵线为上、中、下三路，双方在每路各有两座外塔，小兵每隔一段时间从水晶更新一批向外推进。玩家可根据英雄搭配选择不同的战略、战术。开局 30 秒后，野区将刷出中立生物，包括苍蓝石像、绯红石像、大小龙。击杀可获得增强我方实力的强力 buff、经验及金钱。获得局内金币后，可以通过局内道具系统购买道具。不同的道具具有不同的效果，可以增强英雄的能力。当一方摧毁对方的水晶基地后即可获得胜利，胜利后获得金币、经验、英雄熟练度奖励。

《王者荣耀》双方胜利条件即为摧毁敌方的主基地。红蓝双方各 5 名选手，每人各操控 1 名英雄进行游戏。不同英雄有不同技能，每个英雄有 1 个被动技能、3 个普通技能，另外还有召唤师技能供选手挑选两项。每名英雄有 6 个装备栏，装备只能在初始泉水使用游戏中获取的金币购买，击杀小兵、野怪、敌方英雄，摧毁防御塔水晶都可以获得金币和经验，英雄获取经验到达一定数量可以升级，获取技能点数，等级上限为 15 级。

二、特色系统

与更早的 MOBA 类游戏不同,《王者荣耀》具有铭文、召唤师技能等特色系统。

铭文系统的主要作用是：强化召唤师的各项能力。各位召唤师可以在商店中根据自己操作英雄的类型和追求，选择不同的铭文来为自己的英雄基础属性提供加成效果；并在游戏外的铭文系统（类似天赋系统）中对购买的铭文进行镶嵌搭配设置。铭文共有五种等级，分别是一级（Ⅰ）、二级（Ⅱ）、三级（Ⅲ）、四级（Ⅳ）和五级（Ⅴ），等级越高，铭文的属性越强，在铭文界面共计 30 个槽位，分为蓝色槽、绿色槽和红色槽，分别放置对应颜色的铭文，在铭文类型中有攻击、生命、防御、功能、吸血、攻速、暴击、穿透，在这些铭文类中我们需要搭配带有属性的是暴击率、法术穿透、物理护甲穿透、攻击速度、冷却缩减、暴击率、暴击效果。针对不同的阵容、不同的战术以及部分英雄的多发展方向性，玩家也是可以考虑进行其他更加细化、更加优秀的铭文配备方式，这也是铭文系统带给所有玩家的游戏乐趣（图 7-4-1）。

图 7-4-1 王者荣耀铭文系统

对于"召唤师技能"，它是游戏中的一个特色系统，每个玩家都有一个独立安放召唤师技能的技能栏，玩家可以根据自己的英雄定位选择不同的召唤师技能。召唤师技能使用后会计算 CD，不需要任何消耗手段。在王者峡谷、长平之战等地图上还有一个固定的技能栏，该技能是回血技能，使用后可恢复血量，不可替换其他技能。竞技过程中还有一个回城的技能栏。召唤师技能是每个玩家只要满足条件就有的，区别于英雄技能（图 7-4-2）。

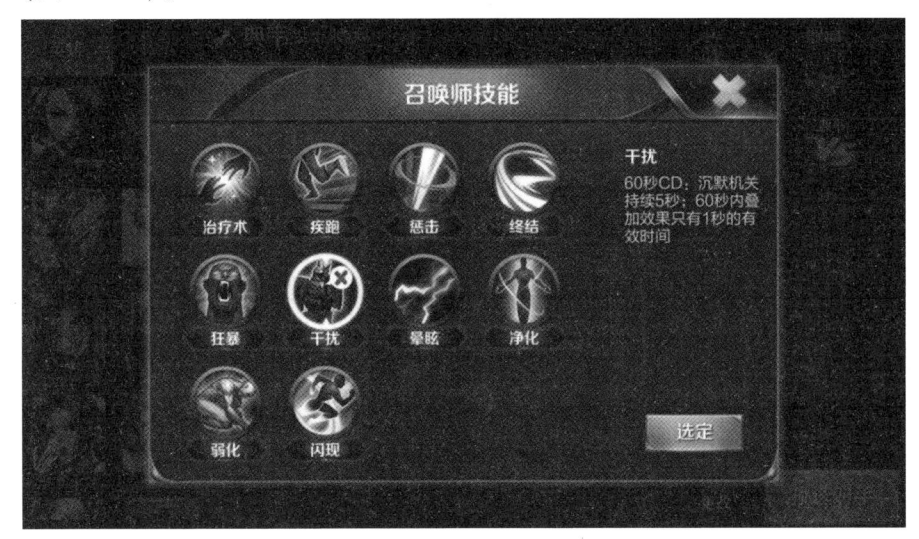

图 7-4-2　王者荣耀召唤师技能

三、战术战略

（一）41 分推体系

所谓 41 分推也就是在己方拿到优势的时候，为了把优势最大化，所以分两路成四人抱团跟一人单带来牵制对方，让对方顾头难顾尾，守塔也不是团战也不是，从而拉开经济差奠定胜势。

一般情况下，41 分推体系必须是在有一定前期优势的基础上实行，才能有更好的效果。这体系一般在选择的英雄的时候势必要选单挑能力强、机动性强或者支援能力强的。比如说老夫子、关羽、哪吒这样的英雄，各有特色。

（二）姜子牙体系

姜子牙体系的核心在于姜子牙的被动能为队友提供经济和经验上的优势，姜子牙这套体系的两个要点分别是经验压制跟推线守线能力强。

姜子牙体系中需要注意的是尽量搭配可以强势拿塔或者 gank 能力强的英雄，因为前期姜子牙的被动能使队友更快地升级到四级，有了这个等级优势可以更好地压制对手，就很容易滚雪球。虽然姜子牙守线能力很强，就算在逆风的情况下依靠姜子牙大招能稳住局面，但是姜子牙本身的生存能力很差，特别容易被针对，这也是在排位中大家都比较排斥的原因。

（三）孙膑鬼谷子双跑车体系

孙膑的跑车开团体系配合鬼谷子就是双跑车体系，特点是移动速度贼快，尤其是在配合加速装备导致三加速。这样可以在对面没反应过来的情况下强行开团打对手一个措手不及。

（四）4保1体系

4保1是指的四个保护一个英雄，一般是拿四个保护型或者中庸型英雄保护一个有绝对输出能力的英雄。这个英雄必须具备能秀或者后期爆发强的英雄。比如露娜、韩信这样能秀操作的英雄或者孙尚香这样绝对后期的英雄。这个体系一般在开黑的比赛中经常遇见的，确实遇到这样四保一的阵容就很难突进去了。

四保一体系要打出效果就必须要跟对方拉开经济差，核心英雄的装备必须要碾压对面的装备。装备差距越大，才能做到1V5的局面。当然这个四保一也必须建立在这个被保护的英雄的人的操作能力基础上。

（五）强开流体系

强开流指的是一些可以强制打团的英雄。一般是一些先手控制，比如像鬼谷子这样的先手。或者老夫子这样的强绑c位，或者苏烈借助两条命卖伤害，就是一些典型的强开打法。

（六）强推流体系

强推体系就是推塔比较快或者越过兵线就能对塔就能造成伤害的

英雄。

这个有很多英雄的打法，主要是选一些可以越过兵线能消耗塔的血量的英雄，比如周瑜、米莱狄，还有一些推塔比较快的英雄，比如李元芳、刘禅、姜子牙这些英雄，只要在己方优势的情况下，就可以一直推下去的，简直不讲道理。

（七）偷家流体系

其实偷家不限定哪个英雄。一般稍微单挑能力强势一点或者有点秀的英雄都可以。这个是得看个人对战场局势的分析的能力，这套体系的亮点一般都将是翻盘局。一些很难胜利的局都能赢比赛。比如韩信，李白，孙悟空这种，甚至大乔，刘禅这种也可以打出奇效。

（八）双边体系（131）

双边体系采一般采取3人中路守塔，2人边路带线，核心在于两边路英雄，因为整个阵容就是围绕它们构建，因此在边路英雄选择上需要相对慎重，尽量选择版本强势的战士英雄，要有一定位移、输出、控制、免伤或者回复能力，确保线上优势。支援能力以及能够在团战中打出足够的控制和伤害。

如果选择非射手打野，在双边路的选择更注重伤害能力；如果选择李元芳或者刘备打野，双边路则需要更注重控制和承伤能力，保护打野和法师输出。双边路打法最大的优势在于机动性高、节奏快速和中后期极高的容错率，由于线上无射手，辅助被解放出来成为游走位。双边路阵容的中野辅联动就变为整个队伍的节奏点，双边路要多注意队友的动向配合完成赶快最大化线上优势。

（九）自由人体系

自由人体系的特点是英雄无固定位置，吃所有经验。

S9赛季，天美大幅度加强战士，边路英雄迅速崛起。梦琪、铠、苏烈、加上本身就强势的曹操、关羽、花木兰、老夫子等，开局的射手对线期，如果辅助不能一直挂在自己左右的话，对线期被压成为家常便饭。穷则思变，射手放弃传统的在线发育，转变为开局打野，之后带领辅助3路走吃3路经济,自由人体系从此而来。

自由人体系要求较高,中单需要有爆发或持续输出,例如嬴政或诸葛亮;边路要求对线能力足够强势,线上不说优势,至少不被压制;辅助要求极高,需要在完全不吃经济的情况下,打出不俗效果;要求自由人能够在游戏进入中后期之后有 carry 全队的能力,例如马可波罗、孙尚香(闪现)等。

第八章 电子竞技运动的竞赛管理与裁判

在电子竞技比赛中，裁判员、仲裁者和参赛者是体育竞赛的主体参与者。其中，裁判员负责电竞赛事的从头到尾，是保证电竞赛事顺利开展不可缺少的一部分。对于裁判员的管理，在组织裁判员时要贯彻"公正、准确、严肃、认证"八字原则。

第一节 电子竞技运动竞赛的意义与分类

一、电子竞技运动竞赛的意义

电子竞技体育竞赛可以宣传我国体育的政策和任务，激发广大人民群众锻炼的积极性，有利于促进体育事业的广泛发展。它对增强人民体质、丰富文化生活、振奋民族精神具有重要意义。

电子竞技体育作为第99届体育竞赛，深受人们的喜爱，在年轻人中得到迅速普及和提高，每年有成千上万的运动员参与各级电子竞技游戏，比赛可以检查训练的结果，相互学习，相互交流经验，相互补充，提高电子竞技体育水平。

二、电子竞技运动竞赛的种类

根据电子竞技比赛的性质，可以分为专业电子竞技比赛和业余电子竞技比赛。根据电子竞技比赛的形式，可以分为线上（Internet）比赛和线下

(LAN)比赛。线上竞赛是指在竞赛主办方提供的网络平台上,所有参赛者之间进行的网上(互联网)竞赛。比赛结果自动计算,获胜者和输家由电脑决定。线下比赛是指所有参赛者之间基于比赛主办方提供的网络平台进行的线下(局域网)比赛。比赛结果由电脑自动计算,由裁判宣布结果。前者多用于业余比赛,后者用于职业比赛。另外,根据比赛项目和参赛人数,可分为1对1、多人对多人等。根据比赛的任务和目的,可分为俱乐部联赛、邀请赛、锦标赛(杯)、表演赛(友谊赛)、锦标赛等。接下来,以这个为例来说明它。

(一)俱乐部联赛

俱乐部联赛的目标是提高电子竞技竞技水平,创造更好的社会效益和经济效益,并根据比赛结果划分等级。比赛采用主客场双循环比赛方式(2004年全国电子竞技俱乐部联赛)。

(二)邀请赛

近年来,随着电子竞技的不断发展,各级电子竞技邀请赛逐渐增多,既有国际电子竞技邀请赛,也有国内省市间、俱乐部间的邀请赛。这些邀请赛旨在相互学习,增进友谊,共同进步。

(三)选拔赛

选拔赛为选拔优秀队伍或运动员代表队伍完成竞技任务而举行的比赛类别(2004年国家选拔赛)。

(四)锦标赛或杯赛

锦标赛或杯赛的目的是考察电子竞技的水平,促进电子竞技的发展,培养后备力量。主办单位向获胜的战队(或个人)颁发奖杯和奖金(2004年Vida杯中国和韩国比赛)。

(五)表演赛或友谊赛

表演赛或友谊赛是指在节假日期间,为相互观察、相互学习、促进友谊团结、宣传普及电子竞技、丰富群众文化生活而举行的电子竞技比赛。

(六) 冠军赛

冠军赛是为了争夺某种范围的冠军,授予冠军头衔的比赛。

第二节　电子竞技运动的竞赛组织

电子竞技比赛的组织工作是一项复杂而细致的工作,涉及的方面十分广泛。它是决定比赛能否顺利进行的关键,直接影响着比赛任务的完成。大赛组织工作可分为:赛前准备工作;比赛期间工作;比赛结束了工作。

一、赛前筹备工作

电子竞技赛事主办方应根据赛事性质和规模,召集各相关部门成立赛事领导机构——组委会(或筹备委员会)。将组织计划、组织章程、工作计划等重大事项报领导机关批准。

(一) 组织方案

组织方案一般包括下列各项:

1. 竞赛的名称、目的和任务

根据上级竞赛单位的任务和要求来确定。

2. 竞争的规模

根据比赛目的,主要内容应包括组织者人数、组织者人数、参赛人和运动员人数、比赛地点和日期等。

3. 竞赛组织结构

根据实际需要,内容包括竞赛形式、工作人员人数、主要工作部门、组委会负责人名单等。

4. 比赛的预算

内容包括场馆建设(特许)、设备、奖金、交通、住宿、接待、医药、奖金、工作人员补贴等项目的预算。

（二）成立组织机构

组织形式和规模要与竞赛规模相适应，根据工作需要而设立。下面是两种类型的竞赛规模组织的描述。

大型比赛的组织形式主要有以下几种：

(1) 联盟委员会。主要负责以下事项：

①执行竞赛各项规章制度。

②制定联赛时间表。

③执行规定的罚款、征收注册费。

④处理异议（如运动员资格、比赛器材等）。

⑤处理抗议活动（如场地、接待等）。

⑥替换退出的团队。

⑦监督检查经营合同和经营行为。

⑧更改比赛的日期、地点、地点和时间。

⑨审核比赛设备、场地、设施标准。

⑩宣布最佳赛区、公平竞争的优胜队伍、最佳运动员。

(2) 诉讼委员会。负责按照要求接收对纪律委员会决定的书面申诉。

(3) 纪律委员会。负责处理比赛中发生的违纪事件。

(4) 竞赛部。负责报名、资格审查、比赛许可证的发放、订单簿的打印、比赛场地及设备的检查、异议或抗议的受理、联赛委员会及其他部门的决定和通知的发送、赛区的组织评选、停赛通知的发布等比赛的日常事务。

(5) 安全部门。负责统一报批工作证，指导协调各比赛区域的安保工作。

(6) 新闻部。负责管理联盟期间的各类新闻事件。

(7) 技术部门。负责策划联赛期间的调查工作，编写、印刷比赛资料，组织评选联赛最佳球员等。

(8) 开发部。负责联盟业务项目的开发，落实电竞协会与各事业部签订的相关协议，指导各事业部的运营发展。

(9) 财务部。全面管理联赛的财务工作，收取联赛的各类罚款，收集并核对部门和俱乐部的财务报表。

（10）裁判部。负责联赛裁判的提名和监督，负责裁判登记表的填写和红牌、黄牌的登记，对裁判违纪事件上报处理意见。

在小型比赛的组织形式中，主要机构如下。

（1）组织委员会（领导小组）。领导会议的筹备、主持和闭幕工作。由于奥运会有广泛的联系，组织委员会的成员应包括来自各有关方面的领导人，以便处理大会的各方面的工作。

①掌握竞赛政策。

②研究批准竞赛规则。

③研究批准竞赛工作计划。

④赛前听取准备工作报告，研究并解决相关问题。

⑤通过会议总结或赛后处理相关事宜。

（2）办公室（或秘书处）。主要负责以下事项：

①根据组委会（或领导小组）决议，组织配备各部门工作人员。

②制定工作时间表和计划。主要内容包括：组委会会议、裁判员报名日期、会场设备准备、动员工作、开闭幕式、各队领导会议、会议总结等工作。

③制定各项规章制度和指示（如工作时间、会议指示等）。

④负责对外联系。

⑤召开相关会议，解决不同群体之间的问题。

⑥资金预算和使用情况。

（3）宣传部（或组）。主要负责以下事项：

①组织大会的宣传和报告。

②组织时事通讯报道和编辑期刊。

③研究制定优秀团队（或个人）的选拔条件和细则。

④组织相关参观及其他活动。

（4）竞赛部（或组）。主要负责以下事项：

①准备裁判工作，制定一份推荐人计划，包括推荐人的数量、来源等。裁判小组就位后，在总裁判的领导下进行裁判工作。

②组织登记、编制、印刷订单册。

③准备场地，调整设备（比赛用电脑等）。

④召开相关会议，解决与游戏相关的各种问题。比赛前应举行裁判长和教练员联席会议。如有必要，在比赛期间召开相关会议，解决比赛中出现的问题。

⑤安排团队实践，组织经验交流、研讨等。

⑥最后，对团队（或人员）进行排名。

（5）综合部（或组）。主要负责以下事项：

①编制会议期间的预算。

②做好会议物资准备（交通、食宿、医药等）。

③大会生活管理。及时召开各单位管理人员会议，并在大会上解决与日常生活有关的问题。

（三）制定竞赛规程

竞赛规则是竞赛组织者和参赛者的基本文件，是开展竞赛工作的基础。比赛规则由主办单位在比赛前制定，并提前分发给相关单位，以便做好准备工作。竞赛规则一般包括以下内容：

（1）竞赛名称

（2）竞赛目的和任务

（3）赞助

（4）比赛日期和地点

（5）参加单位、单位数量及资格等

（6）报名及报名时间

（7）竞争的方法

（8）裁判

（9）使用计算机及相关设备进行规则和比赛（CPU、游戏版本、地图等）

（10）录取排名、奖励办法等事项

（四）制定工作计划

根据比赛计划和比赛规则中规定的比赛日期，各部门将根据各自的职责范围制定具体的工作日期计划，有计划地做好赛前准备工作。办公室（或秘书处）应定期审查筹备工作的实施情况。

(五) 纪律委员会的工作

纪律委员会的职责：研究处理违反比赛规章制度的运动队、运动员个人、裁判员、领队、教练员和其他工作人员，并对其采取警告、停赛、取消比赛资格、工作资格等纪律处分；

二、竞赛期间工作

比赛期间的主要任务包括：
（1）赛区组定期对场地、设备、设备进行检查、维护和管理，确保比赛的顺利进行。
（2）如有特殊情况需要更改比赛日期、时间、场地，参赛队应及时通知有关部门和参赛队。
（3）保安队伍要时刻注意住宿、比赛场地的安全秩序。
（4）大会各部门要定期联系各代表队，听取其意见，改进其工作。必要时，召开裁判长、领队、教练员联席会议，及时处理和解决比赛中出现的问题。

三、竞赛结束工作

（1）会议期间各部门工作总结。
（2）组织举办闭幕式，总结报告，颁发奖品和奖金。
（3）组织处理各班组的离岗事宜。
（4）组织委员会向上级汇报工作。
以 2004 全国电子竞技运动会为例，具体介绍电竞比赛的规程。
为更好地规范我国电子竞技运动，促进我国电子竞技运动健康有序地发展，满足广大人民群众对体育运动的多样化需求，为我国的经济建设和社会发展服务，为社会主义体育事业做出贡献，锻炼和培养一批高水平的电子竞技运动员，特举办全国电子竞技运动会。

一、主办单位和承办单位

2004全国电子竞技运动会由中华全国体育总会主办，北京华奥星空科技发展有限公司、华奥星空（北京）信息技术有限公司承办。

（1）由主办单位、承办单位及有关方面组成2004全国电子竞技运动会组织委员会（以下简称组委会），负责领导、组织2004全国电子竞技运动会的各项工作。

（2）赛区所在地省（市）地方体育总会负责组建赛区竞赛委员会（以下简称赛区竞委会），由体育及相关部门、赞助单位、比赛场所等单位参加，报组委会批准。赛区竞委会在组委会的领导下按照电子竞技竞赛规程和规则的要求，负责本赛区的竞赛组织工作。

二、竞赛项目

2004全国电子竞技运动会设休闲类和对战类共11个比赛项目。休闲类项目为围棋、中国象棋、桥牌、四国军棋、升级、拱猪、二打一（斗地主）；对战类项目为反恐精英、FIFA足球2004、魔兽争霸3（冰封王座）、星际争霸（母巢之战）。

三、竞赛办法

（一）比赛分类

2004全国电子竞技运动会分为业余比赛、联赛和电视擂台赛。

（1）业余比赛共设置休闲类、对战类11个项目，采用线上比赛自动积分制，自由报名，参赛人数不限。

（2）联赛只设对战类项目，分为资格赛和代表队联赛两个阶段。资格赛由全国各地选手自由选择赛区报名参赛，采用线下比赛单/双败淘汰制。从各赛区各项目的前4名中选拔组成赛区代表队，由8支赛区代表队参加代表队联赛。代表队联赛采用线下主客场双循环积分制。

（3）电视擂台赛设对战类项目的比赛，由代表队联赛每轮比赛的主场选手与业余比赛每轮的优胜者对抗，采用线下比赛单败淘汰制。

（二）竞赛规则及有关规定

（1）执行中华全国体育总会制定的竞赛规程和中国电子竞技运动协会（筹）制定的竞赛规则。

（2）各赛区比赛场必须符合组委会公布的《电子竞技体育场标准及设施规范》和国家有关法律法规的要求。比赛可以选择具备条件的网吧或符合标准的其他场所进行。赛区竞委会对当年准备使用的比赛场包括后备比赛场，必须在比赛前一个月上报组委会批准，符合要求的颁发《合格证书》或《临时使用证书》。如因处罚或特殊原因需变更比赛场地，组委会有权将比赛安排在后备比赛场进行。

（3）比赛采用组委会指定的比赛设备，必须使用正版软件，禁止使用盗版软件。选手可以自带操作硬件（包括键盘、鼠标、耳机、操纵杆），软件包括以上设备的驱动程序。选手不得携带其他设备，不能更改任何规则不允许的程序设置。

（三）判定取消比赛资格及弃权

有下列情况之一的选手或赛区代表队将取消比赛资格：
（1）不具备参赛资格或冒名顶替、弄虚作假者；
（2）在比赛中使用任何软件或程序进行作弊或攻击服务器者；
（3）扰乱赛场秩序，不服从裁判造成严重影响者。
有下列情况之一的选手或赛区代表队将判定弃权：
（1）未经组委会批准，中途退出比赛；
（2）拒绝参加组委会安排的附加赛或改期的比赛；
（3）选拔赛中按照赛程安排，在比赛开始时仍未到场。
比赛中发生的技术纠纷由裁判长、技术代表负责处理；道德或其他方面的纠纷由赛区竞委会报组委会审定。

四、竞赛地点和时间

（1）2004全国电子竞技运动会设北京、上海、成都、广州、沈阳、长沙、武汉、西安8个赛区。

（2）2004全国电子竞技运动会举办时间为2004年4月17日至12月31日。

联赛时间为2004年4月17日至12月31日。其中，资格赛时间为2004年4月17日至5月20日，代表队联赛时间为2004年6月19日至12月31日。

电视擂台时间为2004年6月19日至12月31日。

五、参加办法

（1）报名参加比赛的选手必须身体健康，遵守国家的有关法律法规和比赛规则。

（2）参加对战类项目比赛的选手必须年满18周岁（即1986年4月17日前出生）。

六、报名办法

（1）报名分为业余比赛报名和资格赛报名。

（2）报名采用线上线下相结合的方式进行，报名时每位选手必须填写真实姓名、性别、年龄、身份证号、用户名（个人ID）、战队ID、联系方式等相关资料。

（3）选手自由选择参赛项目和付费方式。选择哪个赛区，即代表该赛区参赛。

（4）资格赛每人只能参加1个项目，其他不限。

七、计分办法

中国电子竞技运动会业余比赛、联赛、电视擂台赛采用不同的计分方法。

（1）业余比赛采用自动积分（按胜率、等级、获胜场次），比赛结果由服务器自动计分。

（2）资格赛采用单/双败淘汰制，不设积分。

（3）联赛采用赛区团队得分制。

每场比赛设四个比赛项目，每个项目1分。每场比赛的积分按3、2、1、0的方法计算（4：0积3分；3：1积2分；2：2积1分）。各赛区代表队按积分排名。

八、奖励办法

（1）业余比赛各赛区的每项比赛前十六名颁发证书并给予物质奖励。

（2）各赛区资格赛每项比赛前八名颁发《赛区证书》并给予物质奖励。

（3）联赛团体冠军获奖杯一座；前三名分获金、银、铜牌及证书和物质奖励。各单项比赛前三名分获金、银、铜牌及证书和物质奖励。

（4）电视擂台赛的胜者颁发《纪念证书》及奖品。

九、技术代表和裁判

（1）2004全国电子竞技运动会技术代表、裁判长、裁判员由组委会选派并颁发聘书。

（2）裁判员在资格选拔赛前进行选拔，必须通过技能测试和笔试考核，合格后颁发《中国电子竞技裁判员资格证书》（1年有效）。

（3）技术代表负责指导、协调和监督赛区竞赛工作。裁判员执裁期间，必须遵守中华全国体育总会、组委会的各项规定。

十、竞赛纪律

（1）竞赛的组织工作必须严格执行我国电子竞技竞赛的规程和规则。执行组委会颁布的《2004全国电子竞技运动会竞赛纪律处罚办法》《赛场安全秩序管理规定》。确保比赛的"公开选拔""公平竞争""公正执法"。

（2）严禁使用违禁药物，严格遵守国务院颁布的《反兴奋剂条例》及国家体育总局反兴奋剂的有关规定。

（3）组委会设立纪律委员会，负责处理赛区的违纪事件。

（4）组委会纪律委员会设立比赛监督制度，赛事监督由组委会委派。赛事监督依照《中国电子竞技运动会监督管理办法》进行工作并对组委会负责。

（5）赛区竞委会设立仲裁委员会，负责处理赛区的赛事诉讼。

十一、赛事经费、市场开发

（1）赛事经费由承办单位通过市场运作筹集，不足部分由承办单位负责。赛事所需经费由组委会拨付地方体育总会。

（2）市场开发计划由组委会制定并组织实施。有关赛区市场开发由组委会与赛区竞委会签署协议共同实施。

（3）市场开发坚持社会效益和经济效益相结合，注重社会效益，打造精品赛事；坚持依法行事，规范运作。

十二、附则

（1）本规程自颁发之日起施行至2004全国电子竞技运动会结束。

（2）本竞赛规程解释权在中华全国体育总会。

第三节　电子竞技运动竞赛的赛事安排

赛制是比赛活动中参赛队（运动员）排名制度的总称。电子竞技中常用的系统有三种：循环制、淘汰制和混合制。

比赛制度的选择应根据比赛的目的、任务、要求、比赛时间长短、队数（或人数）和训练水平、场地（设备）、人力资源、财力等因素。

一、循环制

（一）循环制的基本概念

循环系统可分为单循环、双循环和分组循环三种。单循环是所有队伍（或运动员）参加的比赛，在比赛中相遇一次，最终根据各队伍（或运动员）在单轮比赛中的所有成绩进行排名。双循环是指所有参赛队（或运动员）在比赛中必须相遇两次，即两个单循环，最后根据参赛队（或运动员）在双循环中的所有成绩进行排名；分组循环是将参加比赛的队伍（或团体赛成员）分成若干组，每组为一个单独的团体赛，先对团体赛进行排名，然后按照比赛规则的方法进行第二阶段的比赛，最后进行排名。

（二）循环制的特点

循环赛制度的特点是使参加比赛的各队（或队员）遇到更多的机会，有利于相互学习，共同提高技术水平。由于每队（或队员）的比赛总数比较多，所以排名是客观的，能够准确反映每队（或队员）的真实技战术水平。当参加比赛的队伍（或运动员）数量较多且受时间限制时，比赛按小组循环进行。当参赛队伍（或队员）人数不多且时间允许时，比赛将按双周期或单周期进行。

(三) 循环制的编排方法

1. 单循环

(1) 总比赛次数和回合数的计算方法：

单循环比赛总场数 = 参加比赛队（人）数 × $\dfrac{\text{参加比赛队数} - 1}{2}$

单个循环的回合数：如果团队（或玩家）的数量是奇数，那么回合数等于队伍（或玩家）的数量。如果参赛队伍（或运动员）数目为偶数，则轮数等于参赛队伍（或运动员）数目减去1。

如：

有九个队（或队员）参加比赛

比赛总数 = $9 \times \dfrac{9-1}{2}$ = 36 场

比赛回合数 = 比赛中的队伍（或玩家）数量 = 9

有十支队伍（或运动员）参加比赛

比赛总场数 = $10 \times \dfrac{10-1}{2}$ = 45 场

比赛轮数 = 10 - 1 = 9

(2) 轮表安排：比赛轮表安排可以安排的旋转方法方法：不管团队（或团队）是单一或双，应当安排根据数量，如果团队（或团队）的人数是单数时用"0"代表一个参赛队，使之成为双数，各参赛队遇到"0"号即轮空。

轮转方式一般有两种：逆时针轮转法和顺时针轮转法（表8-3-1、表8-3-2）。

表8-3-1　逆时针轮转法

第一轮	第二轮	第三轮	第四轮	第五轮
1——6	1——5	1——4	1——3	1——2
2——5	6——4	5——3	4——2	3——6
3——4	2——3	6——2	5——6	4——5

一般情况下，当参赛队伍（或队员）为偶数时，轮换的方法是固定1号位置，其余位置每轮逆时针方向轮换，这样就可以排出每轮的顺序。

表 8-3-2　顺时针轮转法

第一轮	第二轮	第三轮	第四轮	第五轮
1——0	2——0	3——0	4——0	5——0
2——5	3——1	4——2	5——3	1——4
3——4	4——5	5——1	1——2	2——3

在奇数队（或球员）的情况下，"0"可以用来表示轮空，不成双数。但是"0"的位置是固定的，其他位置每轮都按顺时针方向旋转，这样就可以排出每轮的顺序。

（3）确认每个团队（或队员）赛序：轮次排出后，每个参赛队的号码（或队员）应当清楚，将各参赛队号码填入轮次表中，然后编制比赛计划。

确定参赛代表人数有两种方法：一种是抽签。比赛前，将召集各队（或队员）代表进行抽签，以决定每个数字所代表的队伍（或队员）。另一种是直排法。根据去年联赛，直接将团队（或队员）填入相应号码的地方，如果有几个新团队（或队员），应该是新团队（或队员）根据报名先后，排在最后一个行。若同一地区或单位有超过两支队伍（或队员）参加比赛，应安排第一轮比赛。

2. 双循环

双循环最显著的特点是增加了参赛队伍（或队员）之间的竞争机会，使输赢机会大大减少，比赛名次的安排更加合理客观。双循环可分为集中赛制和主客场制两种形式。

（1）集中赛制双循环：指所有参赛队伍（或队员）在一定的赛区集合，在一定的时间内进行双循环比赛。适用于参赛队伍（或成员）较少，时间和资金允许的情况。

（2）主客场双循环：它意味着每个团队（团队成员）在主场和客场打一场比赛，并根据总排名决定比赛结果。

主客场制的特点是比赛间隔时间长，整个比赛周期持续时间长，便于练习与比赛相结合，提高水平。增加参赛队伍（或运动员）的地理位置和人口优势，满足当地体育迷观看队伍比赛的需求，促进电竞市场的发展。适合职业或半职业球队（或球员）之间的比赛。

集中比赛制和主客场制在安排上没有区别，都是基于单循环法。两个循环的顺序可以相同，也可以根据需要改变第二个循环的顺序。在实践中，最常见的情况是两次循环的赛序。

示例1：

五支队伍（或队员）将以不同的顺序双循环。第一个循环逆时针轮转；第二个循环以"0"号定位顺时针轮转（表8-3-3）。

表 8-3-3 主客场制双循环轮转法

赛序	第一轮	第二轮	第三轮	第四轮	第五轮
第一循环	0——5 1——4 2——3	0——4 5——3 1——2	0——3 4——2 5——1	0——2 3——1 4——5	0——1 2——5 3——4
第二循环	1——0 2——5 3——4	2——0 3——1 4——5	3——0 4——2 5——1	4——0 5——3 1——2	5——0 1——4 2——3

3. 分组循环

分组循环的特点是，它不仅保留了更多团队（或玩家）在循环系统中相遇的优势，而且缩短了比赛时间。但它只能确定每个队伍（或成员）在小组比赛中的名次，所以一般用于非单循环复合比赛和混合系统复合比赛。为了使分组更合理，更能反映比赛的实际水平，在分组循环比赛中一般采用种子队或蛇排列分组的方法。如果有超过两支队伍（或球员）来自同一地区或单位，他们应该被安排在每个组。

（1）种子队安排方式：先确定种子队（或队员）。种子由领队会议根据参赛队或运动员的级别（名次）或在上届比赛中的名次确定。

种子（或选手）先抽签。种子队（或队员）以抽签方式分组，各组其他队（或队员）的位置以抽签方式确定。种子队（或队员）的人数应等于小组人数的倍数。可以从分成两组的八支球队（或球员）中选出两支种子球队（或球员）。如每组有两名种子队（或选手），则以第一名种子队（或选手）与最后一名种子队（或选手）分组。第二种子队将与倒数第二种子队分组，以此类推。例如，当8个种子队（或运动员）分成4组时，种子队（或运动员）的排列如表8-3-4所示。

表 8-3-4　种子队编排法

第一组	第二组	第三组	第四组
1	2	3	4
——	——	——	——
8	7	6	5

（2）排蛇法：按上届名次（或排名）进行分组。以16支队伍（或队员）分成4组为例，排列方法如下（表8-3-5、表8-3-6）。

表 8-3-5　蛇形编排法

1	8	9	16
2	7	10	15
3	6	11	14
4	5	12	13

表 8-3-6　蛇形编排的结果（以4个组的队或队员为例）

第一组	第二组	第三组	第四组
1	2	3	4
8	7	6	5
9	10	11	12
16	15	14	13

注：比赛总数等于各组比赛场数之和。

（四）循环制比赛的计分方法

循环赛的得分方法必须在比赛规则中明确规定。所有比赛结束时，积分多名次前排。

在所有比赛结束时得分相等的两支或两支以上的球队按以下顺序排名第一（表8-3-7，表8-3-8）。

（1）得分相等的队伍，如果在对方比赛中得分较多，将获得第一名；

（2）净分最高的队伍将获得第一名；

（3）积分相等之队相互比赛得分多者，名次列前；

（4）积分相等之队联赛净分高者，名次列前；

（5）积分相等之队联赛总得分多者，名次列前；

（6）由抽签或加时赛决定。

表 8-3-7　单循环比赛成绩登记表

队名	一队	二队	三队	四队	五队	六队	积分	获胜场次	名次
一队									
二队									
三队									
四队									
五队									
六队									

表 8-3-8　主客场双循环制成绩登记表

		一队	二队	三队	四队	五队	六队	积分	获胜场次	名次
一队	主									
	客									
二队	主									
	客									
三队	主									
	客									
四队	主									
	客									
五队	主									
	客									
六队	主									
	客									

例二：2004年全国电子竞技联赛采用赛区团队得分制

每场比赛由四个项目组成，每个项目1分。每场比赛成绩按3、2、1、0计算（4∶0为3分；3∶1为2分；2∶2为1分）。每个赛区的队伍按分数排名。

二、淘汰制

（一）淘汰制的基本概念

淘汰制有单淘汰、双淘汰和主客场淘汰三种方法。输掉一场比赛即失去资格的方法叫单淘汰，输掉两场比赛而失去资格方法叫双淘汰。球队输掉主客场两场比赛而失去资格的方法称为主客场淘汰赛。

（二）淘汰制的特点

淘汰赛有利于团队（个人）努力争胜。在比赛过程中，技战术水平较高的团队（个人）趋于集中，游戏逐渐形成高潮。这种方法可以在团队多、场地小、时间短的情况下使用。缺点是一些团队（个人）有较少的比赛和很少的机会练习，这不利于相互学习。同时，单次淘汰的机会较大，排名评价很难做到完全公平合理。双淘汰制给了一方一个额外输掉比赛的机会，因此比比单淘汰制更合理。由于上述原因，在实践中较少采用单淘汰制度。

（三）淘汰制的编排方法

1. 单淘汰

（1）比赛总数及轮数计算方法：单淘汰赛总数＝参赛队伍（人数）－1。比赛轮数：如果比赛队数是2的乘方，则比赛轮数等于2的指数。如果参赛队伍的数量不是2的乘方，那么参赛轮数就是略大于参赛队伍数量的2的指数。

举例三：

8支队伍（人）参加比赛，总比赛数为8－1＝7，由于8是2的3次方，即比赛为3轮（图8-3-1，图8-3-2）。

举例四：

5支队伍（人）参加比赛，比赛总数＝5－1＝4，轮数是略大于5的2的乘方，8是2的3次乘方，所以比赛是3轮。

如参赛队伍（队员）数为2的指数（4、8、16、32、64等），第一轮

第八章 电子竞技运动的竞赛管理与裁判

不轮换，所有队伍（队员）均参加。

如果参赛队伍（队员）的数量不是 2 的指数（4、8、16、32、64 等），那么一些队伍（队员）必须在第一轮轮换，以使第二轮的队伍（队员）的数量成为 2 的指数。因此，首先要计算第一轮轮空队（队员）数量。

轮空队伍（队员）= 略大于参赛队伍（指数）的 2 的乘方数 - 参赛队伍（队员）的数量

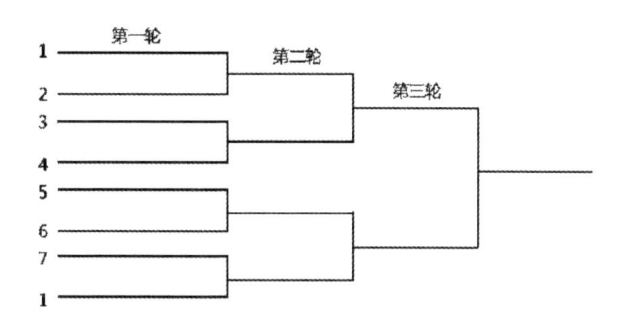

图 8-3-1　八队（人）轮数表

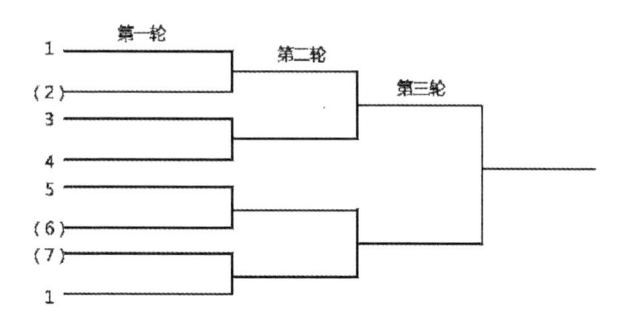

图 8-3-2　五队（人）轮数表

举例五：

有 5 个队（人）参加比赛，球队（人）数是 8-5=3。根据淘汰制度的特点，为了更准确地反映实际水平的竞争，更强的团队（人）较晚或最后会面，以便最后一轮比赛更令人兴奋，要把轮空队的位置安排在种子队

167

(人)。

（3）种子队的安排和比赛表划分：为避免强队（人）在第一轮相遇过早被淘汰，可通过设置种子队（人）来安排比赛顺序。强队（人）作为"种子"，并将种子队（人）合理地安排到各个不同的区内，使他们最后相遇，使比赛有更合理的排名。

种子队主要根据他们的世界排名或在最近比赛中的成绩来决定。种子队的数量一般根据参赛队伍（人）的数量来确定。单淘汰赛一般以 5 - 8 支队伍（人）设立 1 支种子队（人）为宜。16 支或以下队伍将有 2 支种子队，17-32 支队伍将有 4 支种子队。种子应该分发到每个区。单淘汰赛区是指所有的号码位置所分成的若干个相同的部分。例如，有 32 个号码位置时，可分为 1～16 和 17～32 两部分，即上半部和下半部（1～16 为上半部，17～32 为下半部）。16 个数字在上下半部分的位置也可以分为两个相同的部分（上半部分分为数字 1~8 和 9~16，下半部分分为数字 17~24 和 25~32）。这样划分的四个部分称为 1/4 区（图 8-3-3）。

为了方便、合理地安排种子队（人）的位置，可以通过查阅表格来确定种子队（人）的位置。

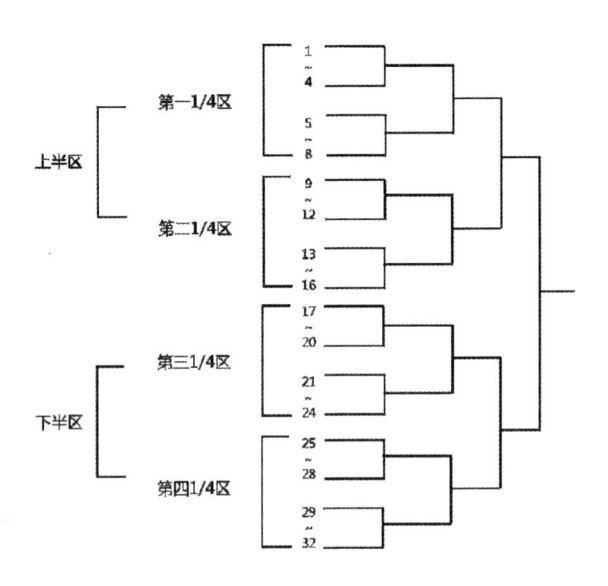

图 8-3-3 比赛安排及比赛分工

查表法：根据设置的参赛种子数，从左到右在位置表上找出小于或等于比赛号码位置数的号码，即为参赛种子位置号。种子队的人数、位置确定后，由非种子队抽签，并根据抽签结果确定比赛顺序。

举例六：13 支队伍（人），4 个种子队（人）参加单淘汰赛

比赛总数：13-1=12 游戏

比赛轮数：2 的 4 次方=4 轮

轮空队（人）数：16-3=3

轮空位置：3 队（人）轮空。检查轮空位置表，从左到右选择小于 16 的号码数，即位置 2、15、10 为轮空转位置（图 8-3-4）。

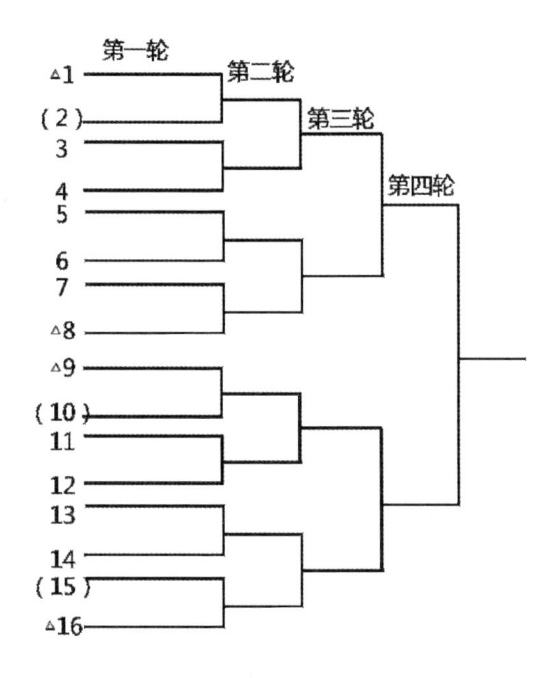

图 8-3-4　游戏轮换

（4）附加赛：在淘汰制的情况下，在决赛中除决出冠军和亚军外，还要确定其他名次的方法。使用附加赛确定名次的方法应在比赛规则中规定。

举例七：

有八个队（人）参加比赛。加时赛的方法是两支输掉比赛的队伍（人）打一场，胜者为第三名，败者为第四名。在预赛中失利的四支队伍（人）将进行附加赛，以决出五到八名（图8-3-5）。

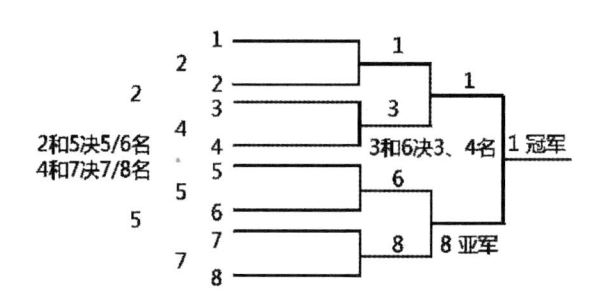

图8-3-5 附加赛秩序表

2. 双淘汰

（1）总场数计算方法：

$$总场数 = 2 \times （参加比赛队或人数）-1$$

举例八：九队（人）参加了比赛

$$总场数 = 2 \times (9-1) = 16$$

（2）安排方法

双淘汰与单淘汰的编排是一样的，只是在进入第二轮，把失败队（人）放置在左半区安排比赛，获胜者将继续参与竞争，失败者则被淘汰了。如果最后两队各输一场，则需重赛一场以决出冠军。

举例九：8个队（人）参赛（图8-3-6）

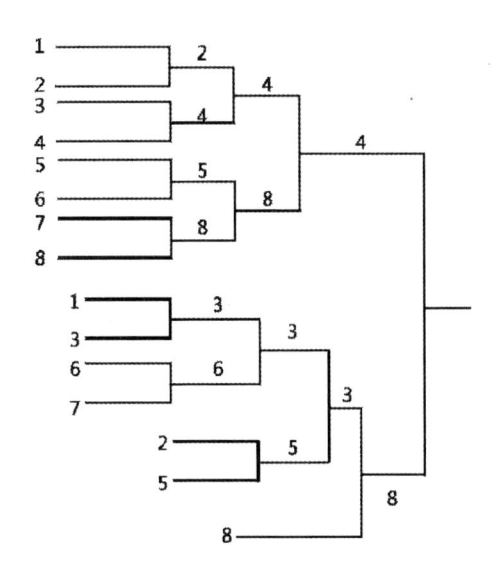

图 8-3-6 8 队（选手）双淘汰赛顺序

3. 主客场制淘汰赛

（1）总场数计算方法：

比赛总数的计算方法与双淘汰赛的计算方法相同。除非比赛规则另有规定。如决赛只进行一场比赛（场地由主办单位或抽签决定）。

举例十：八队（人）参加比赛

$$总场数 = 2 \times (8-1) + 1 = 15$$

（2）安排方法：

比赛安排原则上按前一年的队（人）名次蛇形排列分为上、下两个半场，进行主客场淘汰赛。

三、混合制

（一）混合制的基本概念

混合制比赛分为两个阶段，第一阶段采用循环制，第二阶段采用淘汰制。或先用淘汰赛，后用循环制。比较常用的是先循环后淘汰。

(二) 混合制的特点

混合制结合了循环制和淘汰制的优点,弥补了两种比赛制度的不足,综合考虑了比赛的要求,有利于团队(人)之间相互学习和交流,激发运动员的积极性,最大限度地减少比赛胜负的偶然性,使比赛排名更加合理和客观。同时,随着比赛的进展,逐渐进入高潮,刺激而激烈。

(三) 混合制竞赛中进行淘汰赛的一般方法

1. 交叉赛

第一阶段分为 A 组、B 组进行单轮循环赛,确定各组排名。两组第一名和第二名的获胜者可以在第二阶段的淘汰中交叉比赛。即 A 组的胜者将对阵 B 组的第二名,B 组的胜者将对阵 A 组的第二名,两组的胜者将进行决赛,胜者为冠军,败者为亚军。若要决出第三名或第四名时,两组的失败者将进行一场附加赛,获胜者将获得第三名,失败者将获得第四名。每组的第三和第四名用同样的方法来确定第五到第八名,以此类推。如果你有四个或更多组的第一或第二名进行第二阶段淘汰赛,可以进行相邻组交叉赛,即 A,B 两组第一和第二名,C,D 两组第一和第二名进行交叉赛,也可以隔组交叉,即 A 和 C 两组第一、第二名,B,D 两组的第一和第二名进行交叉赛(图 8-3-7)。

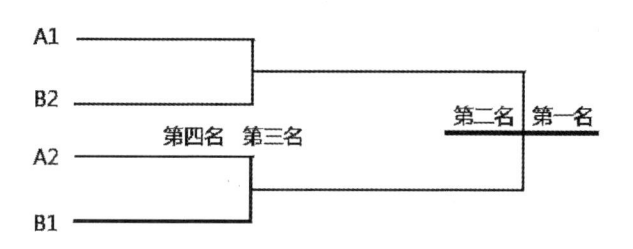

图 8-3-7 交叉、淘汰、附加赛表

2. 同名次赛

第一阶段分为 A 组、B 组进行单轮循环赛,确定各组排名。在淘汰赛的第二阶段,两组的优胜者将互相比赛确定第一、第二名,两组的第二名将相互比赛确定第三、第四名,以此类推。

例十二:

第一阶段循环分为四组,四组的第一名打半决赛,然后获胜队进行决赛,负队进行附加赛,决出第一名到第四名(图8-3-8)。

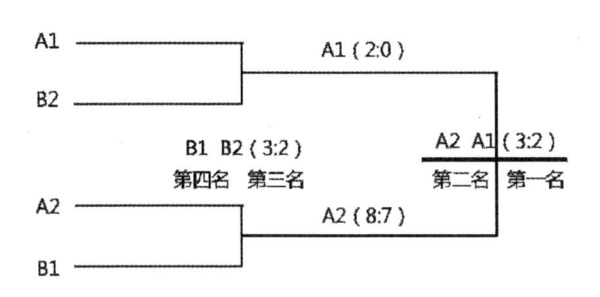

```
A1 ─┐
    ├── A1 (2:0)
B2 ─┘              ┐
       B1 B2 (3:2)  ├── A2 A1 (3:2)
       第四名 第三名 │   第二名 第一名
A2 ─┐              ┘
    ├── A2 (8:7)
B1 ─┘
```

图 8-3-8 同名次、淘汰、附加赛表

第四节 电子竞技运动的竞赛规则与裁判法简析

电子竞技由电子游戏演变而来,比赛规则使其成为正式的体育赛事。由于电子竞技尚处于起步阶段,规则相对简单,目前电子竞技比赛的规则有7款28条。随着电子竞技的不断发展,电子竞技比赛规则在实践中不断地修订和改变。

一、修改电子竞技竞赛规则应遵循的几条基本原则

一是促进电子竞技发展,提高竞技水平的原则。任何体育竞赛规则的制定和修改都应有利于项目技战术的发展。当电子竞技发展到一定阶段,如果比赛规则影响了技战术的发展,人们就会对规则进行修改,使之有利于技战术的发展。

二是互惠原则。游戏规则的制定和修改必须使游戏双方处于平等的地

173

位。如果违反了这一原则,通常被称为"不公平"。

三是适应专业发展需要,让更多的人参与到电子竞技中来,吸引更多的观众观看电子竞技比赛,让电子竞技更有活力。

电子竞技规则不可能一个接一个地为比赛提供各种条件。在裁判工作中,对于规则中没有明确规定的一些情况,应按照上述基本精神进行解释和处理。

二、电子竞技裁判员队伍的组成及其职责

(一) 裁判员队伍的组成

裁判队由裁判长、副裁判长、现场裁判员、编排录音长、编排录音员、技术裁判员、检录长、记员、解说员等组成。

(二) 裁判组主要职责及要求

1. 总裁判长

(1) 负责比赛中的裁判工作。

(2) 赛前对场地、设备、器材等事项进行检查和落实。

(3) 组织裁判员学习,制定比赛程序和工作计划,明确裁判员分工。

(4) 主持评委技术会议,按规定对比赛难点问题进行讲解。

(5) 召开技术会议,解释竞赛规则和要求。

(6) 只负责组织抽签、场地安排、裁判练习等事宜。

(7) 比赛期间,指导裁判组和比赛场地的工作,协调执行过程中产生的争议,并拥有最终决定权。

(8) 为上诉、仲裁安排比赛录像。

(9) 配合仲裁委员会处竞赛中重大争议事项。

(10) 对每位裁判员的裁判工作进行记录。

(11) 被发现有违反竞赛规则或严重违纪行为的,有权按照《全国电子竞技裁判员管理办法》等政策法规予以处罚。

(12) 考核、签字、公布成绩。

(13) 做好裁判总结工作并上报中国电竞裁判委员会。

2. 副总裁判长

（1）协助裁判长工作，并在裁判长不在时代理其职务。

（2）副裁判员任各单项比赛临场裁判组组长。

（3）负责协调审核组裁判员的工作，现场调度和安排裁判员的工作。

（4）负责处理现场有关执裁、检录、记录、宣告中出现的问题，并及时向裁判长报告。

3. 临场裁判员

（1）精通电子竞技竞赛规则及其他相关规定，认真研究竞赛规则。

（2）尊重、服从裁判长指挥，有责任及时报告比赛中出现的问题，并对比赛提出合理建议。

（3）按照比赛规则要求进行现场裁判。

（4）裁判员不得以任何形式兼任领队或教练。

（5）不得随意将裁判员的内部信息传递给运动员和参赛队。

（6）裁判员的工作由裁判员小组安排、调遣。裁判员不得提出任何特殊要求。

（7）严格遵守裁判员规则及其他有关比赛规定。

（8）比赛结束后及时总结。

（9）赛前检查器材和参赛运动员身份。

（10）赛前检查运动员的外部装备。

（11）每场比赛前，将裁判场地硬件、软件恢复到标准状态。

（12）完成裁判交办的其他工作。

4. 编排记录长

（1）协助主裁判进行比赛准备工作，安排记录队，核对运动员登记表，参与订单手册的编写。

（2）办理运动员弃权、变更，组织抽签、安排场地、安排比赛等事宜，并将情况通知裁判长。

（3）准备各种比赛表格并寄给评委。

（4）负责及时审核、报名、公布比赛结果，并及时将下一阶段的比赛顺序通知相关裁判和运动员。

（5）将每场比赛的结果经查证后送交裁判长。

（6）保存自带录像功能的比赛项目的比赛视频和没有录像功能的比赛项目的实际情况。

（7）整理资料，编制成绩单，并协助组委会及时打印成绩单。

5. 编排记录员

根据记录经理的安排，完成记录的整理工作。

6. 技术裁判员

（1）协助组委会确定竞赛机器、软件的配置及使用参数，并通知各评委组。

（2）负责调试局域网，确保网络畅通。

（3）负责赛前软件安装及参数设置。

（4）比赛过程中出现断线、死机等情况，由现场裁判负责判断是否人为因素。当场裁判将据此做出裁决。

（5）每场比赛开始前，检查和监督现场裁判工作，将比赛机器恢复到标准状态。

（6）配合裁判长、仲裁委员会裁决和处理争议事项。

（7）处理竞赛的在线直播。

7. 检录长

（1）负责记录组的工作，确保比赛的顺利进行。

（2）按赛程表准时点名，仔细检查运动员的参赛资格，检查运动员的服装和外带装备。

（3）处理运动员弃权情况，及时通知相关裁判小组。

（4）协助开幕式、颁奖、闭幕式等工作。

8. 检录员

根据录音主任的安排，完成录音组的工作。

9. 宣告员

（1）熟悉电子竞技的规则和电子竞技的知识，具有一定的语言表达能力。介绍电子竞技比赛的基本知识和特点，适当介绍运动员和队伍的基本情况。

（2）介绍比赛情况，宣布比赛开始、结束、比赛项目数，并介绍现场裁判和双方运动员。

三、裁判员工作步骤

(一) 赛前

裁判员应认真研究比赛规则、程序和评判方法，熟悉比赛程序，认真准备场地、器材、形式、用具等；身体上和精神上都要做好工作的准备。

(二) 赛中

裁判员各就各位，各司其职，在比赛过程中高度集中注意力，排除一切外来干扰，确保比赛公平、顺利进行。

(三) 赛后

在每一场比赛、每一届比赛及整个比赛结束后及时总结经验教训，不断提高评审水平。活动结束后，写一份书面的评审工作总结并提交给相关部门。

四、裁判工作程序

(一) 核对报名信息

裁判员应仔细核对参赛者提交的报名材料，核对姓名、登记证书、年龄及情况，并清点每个项目的参赛人数。

(二) 选定赛制

根据组委会要求、裁判长和比赛日程安排，选择适宜的比赛制度，认真研究与比赛制度相对应的比赛形式，为比赛秩序的安排签约和确定做好充分准备。

(三) 召开领队、参赛代表和裁判员会议

裁判长在每位选手报名后召开会议，宣布组委会规定的比赛规则、比

赛日程和比赛纪律，并回答每位选手提出的问题。

（四）抽签

抽签是领队会议中最重要的部分之一，它由裁判长主持，根据选拔赛制度，公开抽签，排定签位，生成对阵表。抽签的原则和方法与本书中的竞赛方法一致。每个参与者必须按时参加抽签，抽签结果不得否认，否则参赛者将被取消参赛资格。

（五）计算场次

根据参赛人数、比赛制度和抽签情况，计算比赛总数，用于安排比赛日程。

（六）排定竞赛秩序

根据赛制、时间表、抽签的结果、场次数和设备的数量，合理安排比赛秩序，合理地分配比赛场地，安排每个参与者的轮次和时间。比赛秩序将向所有参赛者公布。

（七）分配裁判员岗位，分发裁判表格

应在比赛开始前分配裁判员，以防止信息泄露导致不公平竞争。

（八）检录

1. 检录方法

每轮比赛确定后，各比赛场馆的第一批参赛选手将开始办理报到手续，为比赛做准备。登记的内容包括：检查运动员的身份、运动员的健康状况、运动员穿戴是否合规定、运动员携带物品是否合规定。

2. 检录结果处理

（1）未按规定时间报名的，视为比赛成绩不及格。

（2）如参赛运动员的身份与报名者的身份不符，则该运动员的成绩为负。

（3）因身体原因不能参加比赛的，禁止其参加比赛并向组委会报告，视具体情况延期或取消比赛。

（4）运动员的服装、服饰、物品不符合比赛要求或有关规定的，责令改正；违反管理规定的运动员将受到警告或判负处罚。情节恶劣的，可要求主裁判取消其比赛资格及其他处罚。

（九）比赛

1. 入场

合格后，运动员可进入比赛场地，进行比赛前的最后准备。

2. 审查

现场裁判将检查运动员是否符合比赛要求及其携带的器材。在确认无误后，将监督运动员安装自己设备所需的驱动程序。

3. 开始

双方调试好游戏机后，当场裁判通过掷硬币确定双方比赛的优先顺序和其他事项，并予以公布。之后，比赛将宣布开始。

4. 判罚

在比赛中，现场裁判员可根据有关规则对比赛中的各种犯规或事故进行裁判和处理。

（十）结果判定

电子竞技比赛是双方之间的竞技运动。玩家可以通过以下方法获胜。
（1）先完成任务；
（2）最高得分；
（3）按照比赛规则迫使对手退场或弃权；
（4）对手被取消比赛资格。
比赛结束后，比赛结果须经裁判确认并签字后生效。

（十一）成绩记录

在比赛结束时，双方离开各自的比赛用机，裁判上前保存比赛视频和技术数据。现场裁判填写比赛成绩单。

（十二）成绩公布

一轮比赛结束后，记录裁判将本轮比赛的成绩送交记录队进行总结，并安排下一轮比赛的赛程表。然后宣告员会宣布上一轮比赛结果和下一轮的对阵情况。

五、弃权和运动员变更的处理

（一）弃权

注册运动员自愿放弃参赛资格的，必须保留其抽签资格，按照正常参赛条件安排抽签、名次。

未能准时到达的选手将被视为弃权，取消比赛资格。如采用单选淘汰制，其后所有比赛将被取消。裁判员必须在弃权记录表上注明弃权，并及时通知现场裁判组和记录裁判组。

运动员在比赛过程中或进场准备时弃权，由现场裁判组处理。

（二）运动员变更

参赛队如需更换代表运动员，必须在组委会规定的时间内提出申请，经总裁判员批准签字后填写申请表。

六、申诉、仲裁

仲裁委员会是竞赛的最高仲裁机构。因各项竞赛活动中发生的重大争议，由各方提交仲裁委员会讨论，由仲裁委员会成员投票决定。仲裁委员会由赛事组委会邀请和任命，由总裁判员、技术裁判员、各队领队或运动员代表、技术专家和人员组成。

（1）比赛结束后，参赛者如对比赛结果有异议，可直接向裁判申诉。对仲裁结果有异议的，可以提交仲裁委员会仲裁。

（2）申请仲裁的当事人必须填写上诉申请书，交纳仲裁费用；

（3）比赛结束后10分钟内填写申诉表（由领队和教练签字）并提交仲裁委员会；

（4）按照公开、公平、公正的原则，以现场直播为依据进行仲裁。对维持原判决的上诉，不接受二次申请；

（5）所有仲裁申诉从比赛闭幕式开始即告终止；

（6）仲裁委员会做出仲裁公告，赛后由组委会完成仲裁工作，并变更所有相关事项的仲裁结果；

（7）要求重赛的仲裁上诉必须在下一轮开始前提出。

第五节 重大赛事介绍

一、世界电子竞技大赛（WCG）

世界电子竞技大赛（World Cyber Games，简称WCG）成立于2000年，结束于2013年，是一项全球性的电子竞技赛事，由韩国国际电子营销公司（international Cyber Marketing，ICM）主办，由三星和微软赞助。大宗以"超越游戏"为目标，旨在推动全球电子竞技的发展，促进互联网时代人们之间的沟通、互动和交流，促进人类生活的和谐和幸福。2014年2月5日，WCG现任CEO李秀垠通过官方邮件宣布，WCG组委会将不再举办包括世界总决赛在内的任何赛事，结束了WCG 13年的历史（图8-5-1）。

图8-5-1 2013世界电子竞技锦标赛

（一）简介

WCG连续举办了14届，2001第一次开赛之时，WCG组织者将其定义为全球性的电子竞争奥运盛会，是一个以奥运会形式举办的电子运动会，承担着沟通世界顶级电子竞技运动员国际交流的责任。WCG 的前三届比赛都在韩国，之后分别在美国、新加坡、意大利、德国和中国举行。其中，第 9 届在中国成都举行，第 12 届和第 13 届都在中国昆山举行。

（二）比赛项目

每年，WCG 都会选择几场比赛作为其正式比赛项目，但会考虑很多因素：它们在韩国是否受欢迎、韩国选手能否获胜；供应商赞助；普及程度。

虽然 WCG 自称是一项"世界级"赛事，但包括挑战赛在内的前四届，都是在韩国举行的，而且他们总是选择对韩国选手最有利的比赛。因此，被称为韩国"国戏"的《星际争霸》每年都被选中。

赞助是影响游戏项目的另一个因素。《帝国时代》系列一直是台湾的强项，并且第一届冠军由台湾"电玩小子"赢得，但在 2004 年，它被同样来自微软的 Xbox 游戏《Project Gotham Racing2》所取代。EA、Atari、Sierra 和暴雪等都有自己的比赛项目，几乎没有留给其他游戏公司机会。

（三）比赛项目

1. 正式比赛项目

官方赛事为经 WCG 电竞平台官方认可，由 WCG 赛事组委会主办的赛事（表 8-5-1）。

表 8-5-1 WCG 正式比赛项目

星际争霸 2	魔兽争霸 3	反恐精英（2013 年前）	FIFA 系列游戏
魔兽世界竞技场	穿越火线	英雄联盟	DotA（2013 年前）
铁拳系列	超级街霸 4AE2012	逆战	

2. 表演项目

注：表演赛是地区赛的一部分，它是 WCG 的加盟项目，不是正式的比赛，是由游戏制造商主办的（表 8-5-2）。

表 8-5-2 WCG 表演项目

龙之谷	天翼决	梦三国
魔兽世界	热血战队	DotA（2013年为表演项目）

3. WCG

电子竞技作为一项新兴的体育运动，近年来在我国取得了很大的发展。它已成为信息时代人们对文化体育生活的新需求，成为引领信息产业发展的新动力，显示出强大的生命力和广阔光明的发展前景。

中国电子竞技运动员在国际比赛中取得了巨大的成绩。刘歆亭、杨树超、雷晨在第二届亚洲室内运动会电子竞技比赛中获得三枚金牌。魔兽世界选手李晓峰，在 2005 年和 2006 年的 WCG 世界总决赛中都获得了金牌。李晓峰等电竞选手也为 2008 年北京奥运会传递了火炬。

和 NBA 一样，WCG 也有名人堂。要进入名人堂，必须获得过两次 WCG 冠军。李晓峰自然也成为第一个入选 WCG 名人堂的中国选手，除了李晓峰，70kg、Nice、林肯三人也入选了名人堂。

三届 WCG 总决赛在中国举行，极大地促进了电子竞技在中国的普及和推广，也促进了电子竞技在世界范围内的健康快速发展。

4. 停办

2008 年以来，随着全球金融危机对资本市场的冲击，全球电竞的发展趋势逐渐发生了变化，尤其是 WCG 这样的赞助商主导的赛事。第 14 届世界 WCG 定于 2014 年 1 月宣布主办地区。据悉，中国大陆、中国台湾省和韩国将争夺 WCG2014 决赛的举办地。然而，合作伙伴们不断收到主办方发来的电子邮件，称根据世界趋势，WCG 将停办，包括 WCG 年度决赛。

WCG 的兴起是由于三星在全球范围内的扩张和无偿的投资，这也是为什么赞助商主导的活动能够在一个新兴行业的早期兴起的原因。WCG 联盟作为企业的一种市场行为，当 WCG 联盟的发展方向不再符合三星的战略，即找不到合理的盈利模式时，就不会像当初那样得到充分的支持。归根结底，是企业的盈利性与联盟的社会性的冲突。

在其举办的 14 年里，WCG 开创了世界电竞奥运模式，对电竞行业产生了深远的影响，也为未来的电竞赛事提供了借鉴。与此同时，WCG 是第一个吸引众多年轻人的国际赛事。在它的影响下，一些人选择了电竞的职业道路。当然，随着WCG的停办，很多电子竞技玩家离开了这个行业，但很多留下来的人也成为今天电子竞技行业的领导者。

二、CPL职业电子竞技联盟

Cyberathlete Professional League（CPL）成立于1997年，最初由Angel Munoz为了报道和组织职业电子竞技赛事和比赛而创建。CPL联赛在美国、亚洲和欧洲举行，来自不同地区的战队在他们擅长的比赛中相互竞争。CPL比赛对公众开放注册，但所有参赛者必须超过17岁（根据ESRB的要求）。2005年初，CPL认定当年的奖金超过200万美元。CPL的目标是让电子竞技成为一种真正的竞赛，将其提升到体育水平。

CPL是电子竞技领域最有影响力的联盟之一，是大多数玩家参加的在线比赛的组织者。CPL还有一个面向成人玩家的在线联盟，叫作CAL。CAL通常持续一年，包括一个正常的8周赛季和一个单败淘汰赛季。对于《反恐精英》来说，CPL是根据战队在CAL中的表现来决定种子顺序的，但是随着网络游戏中作弊的趋势的增加，参加CAL的球队数量正在下降，这对于网络游戏来说是一个不祥的征兆。

2008年3月，CPL宣布由于财务问题将停止运营，所有比赛将被取消。2008年8月，一个阿联酋投资集团收购了CPL，宣布将更名为"CPL有限公司"，并将继续在世界各地举办赛事。该公司随后宣布计划在2009年举办两场大型国际赛事，并在跨平台游戏方面取得突破，使新赛事更具竞争性和娱乐性。

CPL在1997年举行了第一次官方活动Frag。它选择了当时最受欢迎的电子竞技游戏之一《雷神之锤》，并筹集了4000美元的奖金。这是第一款3D FPS游戏，并在北美迅速走红。Frag在这一趋势上开了个好头。随后，《雷神之锤》《雷神之锤2》和《雷神之锤3》又举行了一系列锦标赛，将这款游戏和CPL的品牌推向了前所未有的高度。其中，CPL逐渐建立了夏季和冬季比赛的传统，并在后来的许多比赛中一直延续到今天。

CPL还得益于《反恐精英》的流行，以及21世纪初互联网的发展，使CPL迅速成为世界三大电子竞技赛事之一（另外两个是WCG和ES-

WC)。然而，由于几次决策失误，CPL 逐渐衰落，最终从神坛上跌落。包括因发行问题而放弃 Q3 项目（五年后又宣布重启 Q3，但毫无效果）以及 2005 CPL 与 ESWC 的冲突。CPL 的过分自信导致很多职业战队转向 ESWC。

三、ESWC 电子竞技世界杯

ESWC（Electronic Sport World Cup，Electronic Sports World Cup），起源于法国，原名"LAN Arena"，是欧洲传统的电子体育赛事。它与 CPL、WCG 一起被称为世界三大电子竞技赛事。ESWC 是由包括中国在内的 11 个成员国发起、60 多个合作伙伴参与的国际性文化活动（图 8-5-2）。

图 8-5-2 ESWC 电竞世界杯

（一）历史发展

从 1998 年到 2002 年，共举办了 7 次 "Lan Arena" 活动，在线玩家超过 15000 人。

第一届电竞世界杯于 2003 年在 "Futuroscope" 举办，中国首次参加。ESWC 中国组委会克服了始料未及的困难，在全国范围内进行了预赛，从《魔兽争霸 3》《地震 3》《反恐精英》3 个领域中选出 7 名选手参加全球总决赛。虽然成绩并不理想（各项目均未晋级），但对于中国选手来说，参加 ESWC 是一个成功的开始。

2004 年，ESWC2004 成功扩展到 49 个国家，取得了前所未有的成功。数据显示本届 ESWC 决赛现场观众人数超过 10 万，总奖金也达到 25 万欧元（按当时汇率计算，总金额为 280 万人民币），各种线下媒体在线门户网站所创造的传播价值达 1000 万美元。这一年，ESWC 中国在中国 25 个城市举办了《魔兽争霸3》《UT2》《反恐精英》（男子）《反恐精英》（女子）《实况足球》等 5 场赛事，最终派出 14 名选手代表中国赴法国参加全球总决赛。《反恐精英》和《实况足球》分别获得铜牌，这是中国首次在 ESWC 上获得奖牌。

2005 年，ESWC 包括 60 多个国家，巩固了其行业领先地位。这一年，ESWC 中国组委会在 30 个城市举办了预选赛，成为中国举办的规模最大、水平最高的电子竞技赛事。约 20 名优秀运动员入选参加全球总决赛。

2006 年至 2008 年，ESWC 因拖欠球员奖金而备受争议。ESWC 于 2008 年宣布破产，并于 2009 年被 Games Solution 收购。收购后，Games Solution 宣布不会继承 ESWC 的债务，并拒绝支付 2006 年至 2008 年期间的任何未支付的奖金。Games Solution 用银行担保作为 2010 年 ESWC 成功举办的保证，但在比赛开始前，有消息称公司资金耗尽，并砍掉了包括《魔兽争霸》在内的几个项目。在中国战队"EHOME"获得 Dota 2 亚军却未获奖金后，ESWC 宣布其再次易手，引发人们猜测 ESWC 将再次使用"所有权交换"来拒付奖金。

（二）历史意义

2005 年，ESWC 中国组委会计划在 30 个城市举办初赛，选出 20 名左右的优秀选手参加全球总决赛。

1964 年 1 月，中法建交，ESWC 适逢中法建交 40 周年，通过此次活动，两国将有良好的文化交流机会，展示出"电子竞技外交"独特的信息时代。2004 年引入的女性赛事作为中国的主导赛事，彻底终结了中国电子竞技中性化的时代。而在 2005 年，中国首次登上颁奖舞台，向世界展示了中国电子竞技选手的风采。这为中国电子竞技走出亚洲，走向世界创造了良好的契机。在较高的国际水平下，我国全面、公开地引入了电子竞技营销的概念。

ESWC中国组委会在历届比赛中立足于中国,走向世界的目标和向社会公共传播电子竞争知识和理念,不断致力于推动电子竞技这一新兴体育运动在世界范围内的发展、普及和提高,为大多数电子竞技爱好者提供娱乐和交流活动。

四、DotA2国际邀请赛

Dota是Defense of the Ancients的缩写,是一个实时多人游戏,支持同步多人游戏。《Dota 2》是一款以Dota为基础,由Valve(美国)、Perfect World Agency(中国)、Nexon Agency(韩国)、Dota核心地图制作公司Ice Frog联合Valve共同开发的多人即时策略游戏。整个《Dota 2》游戏与之前一样,所有100多个英雄都被移植到Dota 2中。

国际Dota 2锦标赛(The International Dota 2 Championships,TI)成立于2011年,是一项每年举行一次的全球性电子竞技锦标赛,由Valve Corporation(V社)主办。奖杯是V社特制的冠军盾牌。冠军队伍和参赛队伍记录在游戏泉水的冠军盾牌上。

除了作为DOTA计划中最大的年度活动,Dota2国际锦标赛以其奖金而闻名。2011年,第一届国际邀请赛TI1的总奖金高达160万美元,自2014年众筹模式推出以来,奖金每年都屡创新高。到了T15的1000万美元总奖金时,Dota2已经登上了舆论巅峰。T16的总奖金超过2000万美元,其中仅获胜者就获得了超过900万美元的奖金。中国Wings以3:1击败DC战队赢得冠军,使首次前往西雅图的Wings获得了冠军奖金(表8-5-3)。

表8-5-3 历届冠军表

届数	举办时间	冠军	亚军	季军
1	2011.8.7-8.21	Navi	EHOME(中国)	Scythe
2	2012.8.27-9.3	iG(中国)	Navi	LGD(中国)
3	2013.8.7-8.11	Alliance	Navi	Orange
4	2014.7.9-7.21	Newbee(中国)	VG(中国)	DK(中国)

续表

届数	举办时间	冠军	亚军	季军
5	2015.7.27-8.9	EG	CDEC（中国）	VG（中国）
6	2016.8.3-8.13	Wings（中国）	DC	EG
7	2017.8.3-8.13	Liquid	Newbee（中国）	LFY（中国）

五、LPL 英雄联盟职业联赛

英雄联盟在全球设置 13 个赛区，包括 LPL（中国分公司）、LCK（韩国）、EULCS（欧洲）、NALCS（北美）和 LMS（东南亚，后更名港澳台赛区）全球总决赛的五个固定席位，其他八个赛区统称为外卡部门，通过预选赛比赛获得决赛的席位。外卡赛区有：LJL（日本）、LAN（拉丁美洲北部）、LAS（拉丁美洲南部）、LCL（俄罗斯和独联体）、OPL（大洋洲）、TCL（土耳其）、CBLOL（巴西）和 VCSA（越南）。

LPL（League of Legends Pro League）是中国大陆最高水平的英雄联盟专业赛事。也是中国大陆地区通往每年季中邀请赛和全球总决赛的唯一渠道（图 8-5-3）。每年的 LPL 由春季和夏季比赛组成，每个赛季分为常规赛和季后赛。常规赛的前八名战队会晋级季后赛争夺冠军和奖金，而积分垫底的战队将不得不与下级联赛（LSPL）中的顶级强队进行比赛来决定是否降级。

图 8-5-3 LPL 英雄联盟职业联赛

此外，每个团队也会根据排名资格获得中国区选拔赛积分，每年的春季锦标赛将代表 LPL 出征 5 月份的 MSI（季中邀请赛），每年夏季锦标赛将作为中国的种子队直接走到全球总决赛。

六、英雄联盟全球总决赛

英雄联盟全球总决赛是英雄联盟中最大的年度比赛。它是所有 LOL 赛事中荣誉最高、含金量最高、竞技水平最高、人气最高的比赛。到目前为止，世界总决赛已经从 S1-S7（S 是赛季的简称）举行了 7 次。世界总决赛每年在 9 月和 10 月举行。

2011 年 6 月 18 日至 2011 年 6 月 20 日，第一届英雄联盟全球总决赛在瑞典举办，一共 8 支队伍参加，分别是北美赛区前三名 TSM、EG、CLG，欧洲赛区前三名 aAa、GD、FNC，新加坡赛区第一名 XAN 和菲律宾赛区第一名 TP，冠军是北美赛区的 FNC（第一届世界总决赛当时英雄联盟在中国正处于内测阶段，并未参赛）。

2012 年 10 月 14 日，第二届英雄联盟全球总决赛 S2 在美国洛杉矶举行。共有 12 支队伍参与，包括北美赛区的 TSM、DIG、CLG、NA，欧洲赛区的 CLG.EU、SK，中国的 WE、IG，韩国的 NJS、AZF 和东南亚的 TPA 和 SAJ。获胜者是来自台湾的 TPA，而中国的 WE 和 IG 都未能进入八强。

2013 年 10 月 5 日，第三届英雄联盟全球总决赛 S3 在美国洛杉矶再次举行。共有 14 个队伍参与。它们分别是北美的 C9、TSM 和 VL，欧洲的 FNC、LD 和 GMB，中国的 RYL 和 OMG，韩国的 NJS、SSO 和 SKT，东南亚的 GAM、MSK，国际外卡的 GG 和 EU。最终的赢家是韩国的 SKT，中国队皇族 RYL 获得亚军，OMG 未能进入八强。皇族 RYL 在全球决赛中获得亚军，也是中国队迄今为止在 S 系列决赛中取得的最好成绩。

2014 年 10 月 19 日，第四届英雄联盟全球总决赛 S4 在新加坡、中国台湾和韩国举行。共有 16 个队伍参与。S4 结束后，由于拳头公司政策的调整，SSW 被迫解散，中国成为这些被解散韩国选手的最佳选择。此后，LPL 也开启了"韩援时代"（即引进韩国选手来提高国内选手的竞争水平）。

2015 年 10 月 31 日，第五届英雄联盟全球总决赛 S5 在巴黎、伦敦、布鲁塞尔和柏林四个地区举行,共有16支队伍参赛。S5的决赛之前,曾经被媒体和业界认为中国队是最有希望赢得冠军的一年,但事实证明,我们的力量不如韩队,从那时起LPL也进入恐韩的时代。

2016年10月29日至2016年9月29日S6是第六个英雄联盟全球总决赛在旧金山、芝加哥、纽约和洛杉矶举行,一共有16支战队。S6进一步加深了LPL对韩国战队的恐惧。然而,LPL也意识到仅仅依靠韩国的援助并不能从根本上解决恐韩问题。从那以后,大量的韩国外援也开始离开中国。

2017年11月4日,S7全球总决赛终于登陆中国。来自世界各地的24支队伍在武汉、广州、上海和北京争夺冠军。RNG和WE在半决赛中分别以2∶3和1∶3输给了SKT和SSG。最终,后两者在北京鸟巢决赛中成功相遇,SSG也以3∶0击败SKT,意外夺冠。这次S7,虽然LPL没有赢得冠军,但在半决赛的综合表现也可嘉,基本上打破了恐韩的噩梦。

参考文献

[1]周界,余斌.论电子竞技运动的起源与概念[J].现代交际,2012(06).

[2]卢元稹.体育社会学[M].北京:高等教育出版社,2010.

[3]曹可强,刘清早.体育赛事运作[M].北京：高等教育出版社,2017.

[4]李凡凡.我国电子竞技运动发展现状和对策研究[D].济南：山东大学,2014.

[5]姜汉烽,吕楠主编.电子竞技产业概论[M].北京:电子工业出版社,2020.

[6]张仪,朱筱丹.基于SWOT的电子竞技赛事商业价值开发分析[J].中国市场,2011(23).

[7]张书乐.《星际争霸》拍"肥皂剧"[J].人民邮电报,2014.9.1.

[8]杨直.KeSPA：曾战胜了时代,如今却忍受着来自时代的复仇[J].电子竞技,2017(04).

[9]BBKinG.中国电竞幕后史[M].武汉：长江文艺出版社,2015.

[10]严圣禾,党文婷.电子竞技：从"洪水猛兽"到"世界语言"[N].光明日报,2016.12.17(2).

[11]王萌,路江涌,李晓峰.电竞生态：电子游戏产业的演化逻辑[M].北京:机械工业出版社,2018.

[12]梁嘉敏.中国移动电竞赛事传播研究——以KPL王者荣耀联赛为例[J].中国报业,2018(10).

[13]梅文.全国电子竞技大赛落幕[N].浙江日报,2015.12.2.

[14]张越舟.电竞解说概论[M].成都:四川大学出版社,2017.

[15]李国鹏.我国电子竞技赛事的运营及盈利分析[J].文体用品与科技,2014(08).

[16]肖锋,沈建华.重大体育赛事风险特点与风险管理初探[J].体育科研,2004.5.

[17]卢文云,熊晓正.大型体育赛事的风险及风险管理[J].成都体育学院学报,2005,31(5).

[18]张大超,杨军,李敏.国外体育风险管理最新理论体系与风险应对实践模式研究[R].开封:河南大学体育学院,2008.

[19]张春萍.体育赛事管理[M].北京:北京体育大学出版社,2017.

[20]杨黎明,余宇.体育赛事合同[M].北京:法律出版社,2007.

[21]李宗浩,李柏,王建.电子竞技运动概论[M].北京:人民体育出版社,2005.

[22]张春萍.体育赛事管理教程[M].北京:经济管理出版社,2016.

[23]黄海燕.体育赛事管理[M],北京:人民体育出版社,2012.

[24]沈佳.体育赞助[M].上海:复旦大学出版社,2012.

[25]曹琪萌.电竞的线上线下互动营销[J].电子竞技,2018(04),

[26]崔建光.举办大型体育赛事的项目评价体系[D].上海:华东师范大学,2006.

[27]张轩,巩晓亮主编.电子竞技新论[M].北京:电子工业出版社,2019.

[28]曹瀚霖,肖勇民,吴超主编.电子竞技综合理论[M].南昌:江西美术出版社,2018.

[29][美]T.L.泰勒.电子竞技与电脑游戏职业化[M].马萨诸塞州:麻省理工学院出版社,2012.

[30]崔海亭.高校电子竞技人才培养研究[C].第十二届全国体育信息科技学术大会,2016.

[31]AndreasHebbel-Seeger. The relationship between real sports and digital adaptation in e-sport gaming[J]. International Journal of Sports Marketing & Spons. 2012(02).

[32]Bob Heere. Embracing the sportification of society:Defining e-sports through a polymorphic view on sport[J]. Sport Management Review. 2018(01).